Dr. Jaerock Lee

Bůh
Uzdravovatel

[Hospodin] řekl:
„Jestliže opravdu budeš poslouchat Hospodina,
svého Boha, dělat, co je v jeho očích správné,
naslouchat jeho přikázáním a dbát na všechna jeho nařízení,
nepostihnu tě žádnou nemocí, kterou jsem postihl Egypt.
Neboť já jsem Hospodin, já tě uzdravuji."
(Exodus 15:26)

Bůh Uzdravovatel Dr. Jaerock Lee
Vydavatelství Urim Books (Zástupce: Kyungtae Noh)
73, Yeouidaebang-ro 22-gil, Dongjak-gu, Seoul Korea
www.urimbooks.com

Tato kniha ani žádná její část se bez předchozího písemného povolení vydavatele nesmí žádným způsobem množit, ukládat do vyhledávacího systému nebo jakoukoliv formou či jakýmkoliv způsobem rozšiřovat, ať už elektronicky, mechanicky, fotokopírováním, nahráváním nebo jinak.

Pokud není uvedeno jinak, všechny citace z Písma pocházejí z Bible svaté, ČESKÉHO EKUMENICKÉHO PŘEKLADU, ®, Copyright © 1995 vydaného Českou biblickou společností. Použito s povolením.

Copyright © 2017 Dr. Jaerock Lee
ISBN: 979-11-263-0322-9
Copyright překladu © 2010 Dr. Esther K. Chung. Použito s povolením.

Předtím vydáno v roce 2002 v korejštině vydavatelstvím Urim Books

První vydání Červnu 2017

Úpravy: Dr. Geumsun Vin
Vnější úprava: Vydavatelství Urim Books
Tisk: Tiskařství Prione
Více informací získáte na: urimbook@hotmail.com

Úvodní slovo k vydání

Přitom, jak v současné době materialistická civilizace a prosperita pokračuje ve svém pokroku a vzestupu, zjišťujeme, že lidé mají více volného času a prostředků nazbyt. Navíc lidé investují svůj čas a majetek, aby dosáhli zdravějšího a pohodlnějšího života a věnují pečlivou pozornost různorodým užitečným informacím.

Nicméně, co se týče lidského života, stárnutí, nemoci a smrt spadají pod Boží svrchovanost a nemůže je ovládat ani moc peněz a vědomostí. Navíc, je nepopiratelným faktem, že navzdory vysoce sofistikované lékařské vědě, která je produktem lidských vědomostí nashromážděných během staletí, množství pacientů trpících nevyléčitelnými nemocemi a nemocemi končícími smrtí stále roste.

V celé historii světa existoval bezpočet lidí různé víry a rozmanitých vědomostí – včetně Budhy a Konfucia – ale všichni tito lidé mlčeli, když byli konfrontováni s touto otázkou a žádný z nich se nedokázal vyhnout stárnutí, nemocem a smrti. Tato otázka je svázána s hříchem a problematikou spasení lidstva, nic z toho však není řešitelné člověkem.

V dnešní době existuje spousta nemocnic a lékáren, které jsou snadno dostupné a zdánlivě připravené k tomu, aby naši společnost zbavily nemocí a daly jí zdraví. Naše těla a svět vůbec jsou však zamořeny rozmanitými nemocemi počínaje běžnou chřipkou až k nemocem neidentifikovatelného původu a druhu, na které neexistuje lék. Lidé jsou pohotoví k tomu přičítat to podnebí a životnímu prostředí nebo nemoc ochotně vnímají jako přírodní a fyziologický fenomén a spoléhají na medikamenty a lékařskou technologii.

Abychom byli uzdraveni a vedli své životy ve zdraví, musí každý z nás pochopit, odkud nemoc pochází a jak můžeme dosáhnout uzdravení. Evangelium a pravda mají vždy dvě strany: pro lidi, kteří je nepřijímají, představují prokletí a trest, zatímco na lidi, kteří je přijímají, čeká požehnání a život. Je Boží vůle, aby byla pravda skryta těm, kteří podobni farizeům a učitelům zákona považují sami sebe za moudré a inteligentní; je rovněž Boží vůle, aby byla pravda zjevena těm, kteří podobni dětem po ní touží a otevírají svá srdce (Lukáš 10:21).

Bůh jasně zaslíbil požehnání těm, kdo poslouchají jeho nařízení a žijí podle nich, zatímco také podrobně zaznamenal prokletí a všechny druhy nemocí, které budou uvaleny na ty, kteří neposlouchají jeho nařízení (Deuteronomium 28:1-68).

Připomínáním Božího slova nevěřícím a dokonce i některým věřícím, kteří ho přehlížejí, se toto dílo snaží přivést takovéto jednotlivce na pravou cestu a osvobodit je od chorob a nemocí.

Kéž každý z vás získá uzdravení z chorob a nemocí velkého i malého rozsahu do té míry, do jaké posloucháte, čtete, rozumíte a berete si za pokrm Boží slovo a také díky moci Boha, který je Bohem spasení a uzdravení. Kéž ve vás i vaší rodině vždy přebývá zdraví. Takto se modlím ve jménu našeho Pána Ježíše Krista!

Jaerock Lee

Obsah

Bůh Uzdravovatel

Úvodní slovo k vydání

Kapitola 1
Původ nemoci a paprsek uzdravení   1

Kapitola 2
Chceš být zdráv?   13

Kapitola 3
Bůh Uzdravovatel   31

Kapitola 4
Jeho jizvami jsme uzdraveni   43

Kapitola 5
Moc uzdravovat slabosti   59

Kapitola 6
Způsoby, jak uzdravovat démonem posedlé   71

Kapitola 7
Víra a poslušnost malomocného Naamána   87

Kapitola 1

Původ nemoci
a paprsek uzdravení

Ale vám, kdo se bojíte mého jména,
vzejde slunce spravedlnosti se zdravím na paprscích.
Rozběhnete se a budete poskakovat jako vykrmení býčci.

Malachiáš 4:2

1. Základní příčina nemoci

Protože lidé touží během svého života na této zemi vést šťastný život ve zdraví, konzumují veškeré druhy jídla, které je známé tím, že prospívá zdraví a věnují pozornost všemožným utajovaným metodám a vyhledávají je. Navzdory pokroku materialistické civilizace a lékařské vědy je však realita taková, že utrpení pramenícímu z nevyléčitelných nemocí a nemocí končících smrtí se nedá zabránit.

Nemůže být člověk během svého života na zemi od utrpení spojeného s nemocemi osvobozen?

Většina lidí je náchylná k tomu přičítat to podnebí a životnímu prostředí nebo nemoc ochotně vnímají jako přírodní nebo fyziologický fenomén a spoléhají na medikamenty a lékařskou technologii. Jakmile jsou ale příčiny všech druhů nemocí a onemocnění zjištěny, každý od nich může být osvobozen.

Bible nám předkládá základní způsoby, díky kterým může člověk žít život osvobozený od nemocí a třebaže je někdo nemocný, představuje způsoby, jakými může získat uzdravení:

> *[Hospodin] řekl: „Jestliže opravdu budeš poslouchat Hospodina, svého Boha, dělat, co je v jeho očích správné, naslouchat jeho přikázáním a dbát na všechna jeho nařízení, nepostihnu tě žádnou nemocí, kterou jsem postihl Egypt. Neboť já jsem Hospodin, já tě uzdravuji"* (Exodus 15:26).

Toto je věrné slovo Boha, který vládne nad lidským životem, smrtí, prokletím a požehnáním, která nám osobně dal.

Co je tedy nemoc a proč se lidé nemocemi nakazí? V lékařské terminologii se „nemoc" vztahuje na všechny druhy nezpůsobilostí v rozličných částech lidského těla – nezvyklý nebo abnormální stav zdraví – a většinou je vyvolaný a šířený baktérií. Jinými slovy, nemoc je abnormální tělesný stav zapříčiněný jedem nebo baktérií způsobujícími nemoc.

V Exodus 9:8-9 je popsán proces, ve kterém byly na Egypt seslány vředy hnisavých neštovic:

Hospodin řekl Mojžíšovi a Áronovi: „Naberte si plné hrsti sazí z pece a Mojžíš ať je rozhazuje faraónovi před očima směrem k nebi. Bude z nich po celé egyptské zemi poprašek, který způsobí na lidech i na dobytku po celé egyptské zemi vředy hnisavých neštovic."

V Exodus 11:4-7 čteme o podivuhodném Božím rozlišení izraelského lidu od lidu egyptského. Pro Izraelity, kteří uctívali Boha, nebyla určena žádná pohroma, zatímco pro Egypťany, kteří ani neuctívali Boha ani nežili podle jeho vůle, byla určena pohroma namířená na jejich prvorozené.

Prostřednictvím Bible se učíme, že i nemoc je pod Boží svrchovaností, že Bůh chrání před nemocí ty, kteří ho mají v úctě a že nemoc zachvátí ty, kdo hřeší, protože Bůh od takových lidí odvrátí svou tvář.

Proč tedy existují nemoci a utrpení s nimi spojené? Znamená to, že Bůh Stvořitel učinil nemoci v čase stvoření, aby člověk žil v nebezpečí před nemocemi? Bůh Stvořitel stvořil člověka a vládne nade vším ve vesmíru s dobrotou, spravedlností a láskou.

Potom, co vytvořil nejvhodnější prostředí pro život člověka (Genesis 1:3-25), Bůh stvořil člověka ke svému obrazu, požehnal mu a dal mu nejvyšší možnou svobodu a autoritu.

Jak šel čas, lidé si svobodně užívali Bohem daná požehnání, protože poslouchali jeho nařízení a žili v zahradě Eden, ve které nebylo žádného nářku, žalu, utrpení a nemoci. Protože Bůh viděl, že všechno, co učinil, je velmi dobré (Genesis 1:31), vydal jedno nařízení: „*Z každého stromu zahrady smíš jíst. Ze stromu poznání dobrého a zlého však nejez. V den, kdy bys z něho pojedl, propadneš smrti*" (Genesis 2:16-17).

Když však vychytralý had viděl, že lidé nemají Boží příkaz na paměti, ale místo toho na něj pozapomněli, začal pokoušet Evu, ženu prvního stvořeného člověka. Když Adam a Eva pojedli ovoce ze stromu poznání dobrého a zlého a zhřešili (Genesis 3:1-6), tak jak je Bůh varoval, do člověka vstoupila smrt (Římanům 6:23).

Potom, co se dopustili hříchu neposlušnosti a protože člověk obdržel mzdu hříchu a čelil smrti, duch v člověku – jeho pán – rovněž zemřel a komunikace mezi člověkem a Bohem přestala existovat. Adam a Eva byli vyhnáni ze zahrady Eden a začali žít v nářku, žalu, utrpení, nemoci a smrti. Protože všechno na zemi bylo prokleto, vydávala zem jenom trní a hloží a lidé mohli jíst chléb pouze v potu své tváře (Genesis 3:16-24).

A tak je základní příčinou nemoci prvotní hřích, seslaný na lidstvo Adamovou neposlušností. Kdyby tenkrát Adam Boha poslechl, nebyl by vyhnán ze zahrady Eden, ale vedl by po všechny časy svůj život ve zdraví. Jinými slovy, skrze jednoho člověka se stal každý člověk hříšníkem a začal žít v nebezpečí a utrpení všemožných nemocí. Bez toho, aby nejprve rozřešil problém hříchu, nebude v Božích očích nikdo ospravedlněn dodržováním zákona (Římanům 3:20).

2. Slunce spravedlnosti se zdravím na paprscích

Malachiáš 4:2 nám říká: *„Ale vám, kdo se bojíte mého jména, vzejde slunce spravedlnosti se zdravím na paprscích. Rozběhnete se a budete poskakovat jako vykrmení býčci."* „Slunce spravedlnosti" se zde vztahuje na Mesiáše.

Bůh se nad lidstvem, které bylo na cestě zkázy a utrpení nemocemi, slitoval a vykoupil nás ze všech hříchů skrze Ježíše Krista, kterého připravil a dopustil, aby byl ukřižován na kříži a prolil všechnu svou krev. Proto každý, kdo přijal Ježíše Krista, získal odpuštění svých hříchů, dosáhl spasení a může být nyní osvobozen od nemocí a žít svůj život ve zdraví. Kvůli prokletí všech věcí musel žít člověk v nebezpečí nemocí tak dlouho, dokud dýchal, ale skrze Boží lásku a milost byla nyní otevřena cesta k osvobození od nemocí.

Když se Boží děti vzepřou hříchu až do prolití své krve (Židům 12:4) a žijí podle Božího slova, ochrání je svýma očima planoucíma jako oheň a zaštítí je ohnivou hradbou Ducha svatého, takže žádný jed ve vzduchu nemůže nikdy proniknout do jejich těla. Třebaže někdo onemocní, když činí pokání a odvrátí se od svých cest, Bůh spálí nemoc a uzdraví postižená místa. Toto je uzdravení „sluncem spravedlnosti."

Moderní medicína vyvinula léčbu ultrafialovým zářením, která je v současné době široce využívána, aby zabránila všemožným nemocem a léčila je. Ultrafialové paprsky jsou vysoce efektivní k dezinfekci a způsobují chemické změny v těle. Tato léčba může zničit okolo 99% bacilů tračníku, záškrt a bacily úplavice a je rovněž efektivní na tuberkulózu, křivici, chudokrevnost, revmatismus a onemocnění kůže. Léčení, které je tak prospěšné a má tak velký vliv jako léčba ultrafialovým zářením, však nemůže být aplikováno na všechny nemoci.

Pouze „slunce spravedlnosti se zdravím na paprscích" zaznamenané v Písmu je paprsek moci, který může uzdravit všechny nemoci. Paprsky slunce spravedlnosti mohou být použity k uzdravení všech druhů nemocí, a protože mohou být aplikovány na všechny lidi, způsob, kterým Bůh uzdravuje, je opravdu jednoduchý, avšak úplný a nutně nejlepší.

Nedlouho po založení mé církve byl ke mně přinesen na nosítkách pacient na pokraji smrti trpící nesnesitelnou bolestí z ochrnutí a rakoviny. Nebyl schopný mluvit, protože jeho jazyk ztuhnul a nemohl hýbat tělem, protože celé jeho tělo ochrnulo. Protože to lékaři vzdali, pacientova manželka, která věřila v Boží moc, nabádala svého manžela, aby všechno odevzdal Bohu. Potom, co si tento pacient uvědomil, že jediný způsob, jak snášet svůj život, je pevně se držet Boha a úpěnlivě ho prosit, pokusil se Boha chválit, dokonce i když ležel a jeho žena rovněž s vírou a láskou vroucně prosila Boha. Když jsem uviděl víru těchto dvou lidí, také jsem se za muže horlivě modlil. Brzy potom muž, který dříve dorážel na svou ženu za to, že věřila v Ježíše, začal činit pokání tím, že roztrhl své srdce a Bůh seslal paprsek uzdravení, spálil mužovo tělo ohněm Ducha svatého a vyčistil ho. Haleluja! Protože základní příčina nemoci byla sežehnuta, muž začal brzy chodit a běhat a znovu se uzdravil. Je zbytečné říkat, jak členové církve Manmin chválili Boha a radovali se z toho, že zažili úžasný skutek Božího uzdravení.

3. Vy, kdo máte v úctě mé jméno

Náš Bůh je všemohoucí Bůh, který stvořil všechno ve vesmíru svým slovem a učinil člověka z prachu. Neboť se tento Bůh stal naším Otcem, tak třebaže onemocníme, když na něj se svou vírou zcela spoléháme, uvidí naši víru, uzná ji a rád nás uzdraví. Není nic špatného na tom, když se necháme léčit v nemocnici, ale Bůh má radost ze svých dětí, které věří v jeho vševědoucnost a všemohoucnost, naléhavě k němu volají, získají uzdravení a vzdají mu slávu.

Ve 2 Královské 20:1-11 je příběh o Chizkijášovi, judském králi, který onemocněl, když jeho království napadli Asyřané, ale dostalo se mu úplného uzdravení tři dny potom, co se modlil k Bohu a jeho život byl prodloužen o 15 let.

Skrze proroka Izajáše říká Bůh Chizkijášovi: „*Udělej pořízení o svém domě, protože zemřeš, nebudeš žít*" (2 Královská 20:1; Izajáš 38:1). Jinými slovy, Chizkijáš obdržel ortel smrti, ve kterém mu bylo řečeno, aby se připravil na svou smrt a uspořádal záležitosti týkající se jeho království a rodiny. Chizkijáš se však neprodleně otočil tváří ke zdi a modlil se k Hospodinu (2 Královská 20:2). Král si uvědomil, že nemoc byla důsledkem jeho vztahu k Bohu, všechno odložil stranou a rozhodl se modlit.

Když se Chizkijáš horlivě v slzách modlil k Bohu, Bůh mu říká a slibuje: „*Vyslyšel jsem tvou modlitbu, viděl jsem tvé slzy. Hle, přidám k tvým dnům patnáct let. Vytrhnu tebe i toto město ze spárů asyrského krále. Budu tomuto městu štítem*" (Izajáš 38:5-6). Můžeme se jen domnívat, jak horlivě a naléhavě se musel Chizkijáš modlit, když mu Bůh řekl: „Vyslyšel jsem tvou modlitbu, viděl jsem tvé slzy."

Bůh, který odpověděl na Chizkijášovu prosbu, krále zcela uzdravil, takže mohl jít za tři dny do Hospodinova domu. Navíc Bůh prodloužil Chizkijášův život o patnáct let a po zbytek Chizkijášova života udržoval město Jeruzalém v bezpečí před hrozbou Asyřanů.

Protože si byl Chizkijáš dobře vědom toho, že záležitost života nebo smrti člověka je pod Boží svrchovaností, modlit se k Bohu pro něj byla věc nejvyšší důležitosti. Boha potěšilo Chizkijášovo pokorné srdce a víra, slíbil královo uzdravení, a když Chizkijáš hledal znamení svého uzdravení, vrátil dokonce stín na stupních, po nichž sestoupil, na stupních Achazových, o deset stupňů nazpět (2 Královská 20:11). Náš Bůh je Bohem uzdravení a navíc velmi pozorný Otec, který dává těm, kdo ho hledají.

Naopak, ve 2 Paralipomenon 16:12-13 nacházíme, že: *„V třicátém devátém roce svého kralování onemocněl Ása přetěžkou nemocí nohou. Ale ani ve své nemoci se nedotazoval Hospodina, nýbrž vyhledal jen lékaře. I ulehl Ása ke svým otcům a zemřel v jednačtyřicátém roce svého kralování."* Když zpočátku nastoupil na trůn: *„Ása činil to, co je správné v Hospodinových očích, jako jeho otec David"* (1 Královská 15:11). Zpočátku byl moudrým vládcem, ale jak postupně ztrácel svou víru v Boha a začal více spoléhat na člověka, nemohl již tento král získat Boží pomoc.

Když Baeša, izraelský král, napadl Judsko, Ása spoléhal na Ben-hadada, aramejského krále, ne na Boha. Kvůli tomu byl Ása pokárán vidoucím jménem Chananí, ale neodvrátil se od svých stezek a namísto toho dal vidoucího vsadit do žaláře a utlačoval svůj vlastní lid (2 Paralipomenon 16:7-10).

Dříve, než začal Ása spoléhat na aramejského krále, Bůh zasáhl do aramejské armády, takže nemohla napadnout Judsko. Od chvíle, kdy Ása spoléhal na aramejského krále místo na svého Boha, nemohl již judský král od Boha získat žádnou pomoc. Kromě toho, Bůh nemohl mít žádnou radost z Ásy, který vyhledal namísto Boží pomoci pomoc lékařů. Proto Ása zemřel pouze dva roky potom, co onemocněl těžkou nemocí nohou. Třebaže Ása prohlašoval svou víru v Boha, protože neprojevoval žádné skutky a selhal v tom, že nevolal k Bohu, všemohoucí Bůh nemohl pro krále nic udělat.

Paprsek uzdravení od našeho Boha může uzdravit jakékoliv nemoci, takže ochrnutý může vstát a chodit, slepý začne vidět, hluchý slyšet a mrtvý se vrátí zpět k životu. Protože má Bůh Uzdravovatel neomezenou moc, vážnost nemoci není důležitá. Počínaje nemocí, která je tak bezvýznamná jako nachlazení až k té, která je tak vážná jako rakovina, jsou pro Boha Uzdravovatele všechny stejné. Důležitější věcí je postoj našeho srdce, se kterým před Boha předstupujeme: zda je jako srdce Ásy nebo Chizkijáše.

Kéž můžete přijmout Ježíše Krista, získat odpověď na problém hříchu, být považováni svou vírou za spravedlivé, potěšit Boha pokorným srdcem a vírou doprovázenou skutky jako měl Chizkijáš, získat uzdravení jakékoliv a všech svých nemocí a vždy vést svůj život ve zdraví. Takto se modlím ve jménu našeho Pána Ježíše Krista!

Kapitola 2

Chceš být zdráv?

Byl tam i jeden člověk,
nemocný již třicet osm let. Když Ježíš spatřil,
jak tam leží, a poznal, že je už dlouho nemocen,
řekl mu: „Chceš být zdráv?"

Jan 5:5-6

1. Chceš být zdráv?

Existuje mnoho různých případů lidí, kteří dříve neznali Boha a kteří ho hledají a předstupují před něho. Někteří k němu přicházejí, protože následují své vlastní dobré svědomí, zatímco jiní se s ním přicházejí setkat potom, co byli evangelizováni. Další začnou hledat Boha potom, co zažili skepsi ve svém životě skrze selhání svého podnikání nebo rodinné konflikty. Ještě další před Boha předstupují s naléhavým srdcem potom, co trpěli nesnesitelnou fyzickou bolestí nebo strachem ze smrti.

Stejně jako to udělal postižený člověk, který trpěl bolestí po dobu třiceti osmi let u rybníka jménem Bethesda, tak abyste zcela svěřili svou nemoc Bohu a byli uzdraveni, musíte po uzdravení toužit nade vše ostatní.

V Jeruzalémě byl u Ovčí brány rybník, hebrejsky zvaný „Bethesda." U něho bylo pět sloupořadí, ve kterých leháválo mnoho slepých, chromých a ochrnutých čekajících na pohyb vody. Legenda totiž říkala, že anděl Páně čas od času sestupoval do rybníka a vířil vodu. Věřilo se tomu, že kdo první po tom zvíření vstoupil do vody rybníka, jehož jméno znamenalo „Dům milosti", býval uzdraven, ať trpěl jakoukoliv nemocí.

Když Ježíš spatřil postiženého člověka nemocného třicet osm let, jak tam leží, poznal, že je už dlouho nemocen a zeptal se ho: „Chceš být zdráv?" Nemocný mu odpověděl: *„Pane, nemám nikoho, kdo by mě odnesl do rybníka, jakmile se voda rozvíří. Než se tam sám dostanu, jiný mě předejde"* (Jan 5:7). Tímto muž přiznal Pánovi, že třebaže velmi touží po uzdravení, sám toho nedocílí. Náš Pán viděl do mužova srdce a řekl mu: „*Vstaň, vezmi lože své a choď!*" a hned byl ten člověk uzdraven; vzal své lože a chodil (Jan 5:8).

2. Musíte přijmout Ježíše Krista

Když se muž, který byl postižený po dobu třiceti osmi let, setkal s Ježíšem Kristem, byl neprodleně uzdraven. Jak uvěřil v Ježíše Krista, pramen skutečného života, byly mu odpuštěny všechny jeho hříchy a byl uzdraven ze své nemoci.

Trápí někoho z vás nemoc? Jestliže trpíte nemocemi a přejete si předstoupit před Boha a získat uzdravení, musíte nejprve přijmout Ježíše Krista, stát se Božím dítětem a získat odpuštění, abyste odstranili jakoukoliv bariéru mezi sebou a Bohem. Potom musíte uvěřit, že protože je Bůh vševědoucí a všemohoucí, může vykonat jakýkoliv zázrak. Musíte rovněž věřit, že jsme byli vykoupeni ze všech svých nemocí Ježíšovými jizvami a když usilujete o uzdravení ve jménu Ježíše Krista, získáte ho.

Když se Boha dotazujeme s takovouto vírou, vyslyší naši modlitbu víry a projeví skutek uzdravení. Nezáleží na tom, jak jste staří nebo jak vážná je vaše nemoc, buďte si jisti tím, že všechny své problémy s nemocí svěříte Bohu a pamatujte na to, že když vás uzdraví mocný Bůh, můžete být ihned zcela obnoveni.

Když ochrnutý muž z Marka 2:3-12 poprvé uslyšel, že Ježíš přišel do Kafarnaum, chtěl před něj předstoupit. Potom, co ochrnutý muž uslyšel zprávy o tom, že Ježíš uzdravuje lidi z nejrůznějších nemocí, vyhání zlé duchy a uzdravuje malomocné, pomyslel si, že kdyby uvěřil, mohl by být také uzdraven. Když si uvědomil, že se nedokáže k Ježíšovi dostat blíže kvůli velikému zástupu lidí, který se okolo něj shromáždil, s pomocí svých přátel prorazil ve střeše domu, kde Ježíš zůstával, otvor a nosítka, na kterých ležel, byla spuštěna dolů před Ježíše.

Dokážete si představit, jak hodně musel ochrnutý muž toužit potom, aby se dostal k Ježíšovi, když se rozhodl toto udělat? Jak Ježíš reagoval, když ochrnutý muž, který nebyl schopen dostat se z místa na místo a nemohl se pohybovat okolo kvůli zástupu, prokázal svou víru a oddanost s pomocí svých přátel? Ježíš nevynadal ochrnutému za jeho nevychovanost, ale namísto toho mu řekl: „Synu, odpouštějí se ti hříchy," a nechal ho hned vstát a chodit.

V Příslovích 8:17 nám Bůh říká: *„Já miluji ty, kdo milují mne, a kdo mě za úsvitu hledají, naleznou mne."* Pokud chcete být osvobozeni z trápení, které vám působí vaše nemoc, musíte nejprve horlivě toužit po uzdravení, věřit v moc Boha, který může vyřešit problém nemoci a přijmout Ježíše Krista.

3. Musíte zničit hradbu z hříchů

Bez ohledu na to, jak hodně věříte, můžete být uzdraveni Boží mocí. Nemůže však ve vás působit, jestliže existuje mezi vámi a Bohem hradba z hříchů.

Proto nám Bůh v Izajáši 1:15-17 říká: *„Když rozprostíráte*

své dlaně, zakrývám si před vámi oči. Ať se modlíte sebevíc, neslyším. Vaše ruce jsou celé od krve. Omyjte se, očisťte se, odkliďte mi své zlé skutky z očí, přestaňte páchat zlo. Učte se činit dobro. Hledejte právo, zakročte proti násilníku, dopomozte k právu sirotkovi, ujímejte se pře vdovy," a potom v následujícím 18. verši Bůh zaslibuje: *„Pojďte, projednejme to spolu, praví Hospodin. I kdyby vaše hříchy byly jako šarlat, zbělejí jako sníh, i kdyby byly rudé jako purpur, budou bílé jako vlna."*

V Izajáši 59:1-3 najdeme rovněž následující:

Hle, Hospodinova ruka není krátká na spasení, jeho ucho není zalehlé, aby neslyšel. Jsou to právě vaše nepravosti, co vás odděluje od vašeho Boha, vaše hříchy zahalily jeho tvář před vámi, proto neslyší. Vaše dlaně jsou poskvrněny krví, vaše prsty nepravostí vaše rty mluví klam, váš jazyk přemílá podlosti.

Lidé, kteří neznají Boha, nepřijali Ježíše Krista a žijí své životy podle své vlastní vůle, si neuvědomují, že jsou hříšníci. Když lidé přijmou Ježíše Krista jako svého Spasitele a obdrží jako dar Ducha svatého, Duch svatý usvědčí svět z viny, pokud jde o hřích, spravedlnost a soud, a oni uznají a vyznají, že jsou hříšníci (Jan 16:8-11).

Nicméně protože existují případy, kdy lidé dopodrobna nevědí, co je hřích, proto aby zavrhli hřích a zlo v sobě a dostávali od Boha odpovědi, musí nejprve vědět, co v Božích očích hřích vytváří. Protože všechny nemoci a choroby mají svůj původ v hříchu, tak pouze když se podíváte zpět na sebe a zničíte hradbu z hříchu, můžete zakusit rychlý skutek uzdravení.

Pojďme se nyní ponořit do toho, co nám Písmo říká o hříchu a jak máme zničit hradbu z hříchů.

1) Musíte se kát z toho, že jste dříve nevěřili v Boha a nepřijali Ježíše Krista.

Bible nám říká, že naše nevíra v Boha a nepřijetí Ježíše Krista jako našeho Spasitele vytváří hřích (Jan 16:9). Mnoho nevěřících říká, že žijí dobré životy, ale tito lidé nemohou vidět sami sebe správně, protože neznají Slovo pravdy – Boží světlo – a nejsou schopni rozpoznat správné od špatného.

Třebaže je člověk přesvědčený o tom, že vede dobrý život, když se jeho život odrazí v pravdě, kterou je Slovo všemohoucího Boha, který stvořil všechno ve vesmíru a vládne nad životem, smrtí, prokletím a požehnáním, najde se mnoho nepravosti a nepravdy. Proto nám Bible říká: *„Nikdo není spravedlivý, není ani jeden"* (Římanům 3:10) a: *„Vždyť ze skutků zákona nebude před ním nikdo ospravedlněn, neboť ze zákona pochází poznání hříchu"* (Římanům 3:20).

Když přijmete Ježíše Krista a stanete se Božím dítětem potom, co jste činili pokání z toho, že jste dříve nevěřili v Boha a nepřijali Ježíše Krista, všemohoucí Bůh se stane vaším Otcem a vy tak získáte odpovědi na jakékoliv nemoci, které máte.

2) Musíte se kát z toho, že jste nemilovali své bratry.

Bible nám říká: *„Milovaní, jestliže Bůh nás tak miloval, i my se máme navzájem milovat"* (1 Janův 4:11). Rovněž nám připomíná, že máme milovat své nepřátele (Matouš 5:44). Jestliže jsme nenáviděli své bratry, neuposlechli jsme Boží slovo, a tak jsme zhřešili.

Protože Ježíš projevil svou lásku k lidstvu tím, že přebýval v hříchu a špatnosti, když byl ukřižován na kříži, je pouze správné, abychom milovali své rodiče, děti a bratry a sestry. Není v Božích očích správné, abychom nenáviděli a nebyli schopní odpustit kvůli bezvýznamným, avšak špatným pocitům a nedorozuměním chovaným vůči sobě navzájem.

V Matoušovi 18:23-35 nám Ježíš dává následující podobenství:

S královstvím nebeským je to tak, jako když se jeden král rozhodl vyžádat účty od svých služebníků. Když začal účtovat, přivedli mu jednoho, který byl dlužen mnoho tisíc hřiven. Protože mu je nemohl vrátit, rozkázal ho pán prodat i s ženou a dětmi a se vším, co měl, a nahradit ztrátu. Tu mu ten služebník padl k nohám a na kolenou prosil: ‚Měj se mnou strpení a všechno ti vrátím!' Pán se ustrnul nad oním služebníkem, propustil ho a dluh mu odpustil. Sotva však ten služebník vyšel, potkal jednoho ze svých spolusluzebníků, který mu byl dlužen sto denárů; chytil ho za krk a křičel: ‚Zaplať mi, co jsi dlužen!'

Jeho spolusluzebník mu padl k nohám a prosil ho: ,Měj se mnou strpení, a zaplatím ti to!' On však nechtěl, ale šel a dal ho do vězení, dokud nezaplatí dluh. Když jeho spolusluzebníci viděli, co se přihodilo, velice se zarmoutili; šli a oznámili svému pánu všecko, co se stalo. Tu ho pán zavolal a řekl mu: ,Služebníku zlý, celý tvůj dluh jsem ti odpustil, když jsi mě prosil; neměl ses také ty smilovat nad svým spolusluzebníkem, jako jsem se já smiloval nad tebou?' A rozhněval se jeho pán a dal ho do vězení, dokud nezaplatí celý dluh. Tak bude jednat s vámi můj nebeský Otec, jestliže ze srdce neodpustíte každý svému bratru.

Pokud jsme od našeho Otce získali odpuštění a milost, neměli bychom být schopni nebo ochotni přijmout chyby a vady našich bratrů? Ale namísto toho máme sklony k tomu rozvíjet mezi sebou soupeření, dělat si mezi sebou nepřátele, být k sobě nesnášenliví a provokovat jeden druhého.

Bůh nám říká: „*Kdokoliv nenávidí svého bratra, je vrah – a víte, že žádný vrah nemá podíl na věčném životě*" (1 Janův 3:15), „*Tak bude jednat s vámi můj nebeský Otec, jestliže ze srdce neodpustíte každý svému bratru*" (Matouš 18:35) a nabádá nás: „*Nestěžujte si jeden na druhého, bratří, abyste nebyli odsouzeni. Hle, soudce stojí přede dveřmi!*" (Jakubův 5:9).

Musíme si uvědomit, že pokud jsme nemilovali, ale nenáviděli své bratry, potom jsme také zhřešili a nebudeme naplněni Duchem svatým, ale postiženi. Proto, i když nás naši bratři nenávidí a působí nám zklamání, neměli bychom je na oplátku nenávidět a působit jim zklamání, ale namísto toho chránit naše srdce pravdou, pochopením a odpouštět jim. Naše srdce musí být schopné takovým bratrům a sestrám nabídnout modlitbu lásky. Když se chápeme, odpouštíme si a milujeme se navzájem s pomocí Ducha svatého, Bůh nám rovněž prokáže svůj soucit a milost a projeví skutek uzdravení.

3) Musíte se kát, jestliže jste se modlili s chtivostí.

Když Ježíš uzdravil chlapce posedlého duchem, jeho učedníci se ho otázali: *„Proč jsme ho nemohli vyhnat my?"* (Marek 9:28) Ježíš odpověděl: *„Takový duch nemůže vyjít jinak, než modlitbou a postem"* (Marek 9:29).

Abychom získali uzdravení určitého stupně, musíme Bohu předložit rovněž modlitbu a úpěnlivou prosbu. Avšak modlitby za sobecké zájmy nebudou zodpovězeny, protože se z nich Bůh neraduje. Bůh nám přikázal: *„Ať tedy jíte či pijete či cokoli jiného děláte, všecko čiňte k slávě Boží"* (1 Korintským 10:31). Proto musí být účelem všeho našeho zkoumání a dosahování věhlasu nebo moci vždy Boží sláva. V Jakubově listu 4:2-3 najdeme: *„Chcete mít, ale nemáte. Ubíjíte a nevražíte, ale ničeho nemůžete dosáhnout. Sváříte se a bojujete – a nic nemáte, protože neprosíte. Prosíte sice, ale nedostáváte, protože prosíte nedobře: jde vám o vaše vášně."*

Prosit o uzdravení, abyste mohli vést svůj život ve zdraví, je pro Boží slávu; když o uzdravení požádáte, dostanete odpověď. Ale pokud vás Bůh neuzdraví, i když ho o to požádáte, je to proto, že možná usilujete o něco, co není správné podle pravdy, třebaže vám Bůh chce dát ještě větší věci mnohokrát potom.

Jaká modlitba Boha potěší? Jak nám říká Ježíš v Matoušovi 6:33: *„Hledejte především jeho království a spravedlnost, a všechno ostatní vám bude přidáno,"* namísto toho, abychom si dělali starosti o jídlo, oblečení a podobně, musíme se nejprve Bohu zalíbit tím, že mu předložíme modlitby za jeho království a spravedlnost a za evangelizaci a posvěcení. Až potom Bůh odpoví na touhy vašeho srdce a dá vám úplné uzdravení z vaší nemoci.

4) Musíte se kát, jestliže jste se modlili s pochybnostmi.

Bohu se líbí modlitba, která ukazuje víru. Ohledně toho najdeme v Židům 11:6: *„Bez víry však není možné zalíbit se Bohu. Kdo k němu přistupuje, musí věřit, že Bůh jest a že se odměňuje těm, kdo ho hledají."* Ze stejného důvodu nám list Jakubův 1:6-7 připomíná: *„Nechť však prosí s důvěrou a nic nepochybuje. Kdo pochybuje, je podoben mořské vlně, hnané a zmítané vichřicí. Ať si takový člověk nemyslí, že od Pána něco dostane."*

Modlitby předkládané s pochybnostmi dávají najevo nedůvěru člověka ve všemohoucího Boha, znevažují jeho moc a dělají z něj nekompetentního Boha. Musíte se okamžitě kát, podobat se praotcům víry, horlivě a naléhavě se modlit, abyste získali víru, díky které budete moci věřit ve svém srdci.

V Bibli mnohokrát vidíme, že Ježíš miloval ty, kteří měli velikou víru, vybíral si je jako své služebníky a uskutečňoval svou službu skrze ně a s nimi. Když nebyli lidé schopni prokázat svou víru, Ježíš káral dokonce i své učedníky za jejich malou víru (Matouš 8:23-27), ale chválil a miloval ty, kteří měli velkou víru, třebaže to byli pohané (Matouš 8:10).

Jak se modlíte a jakou víru máte?

Setník v Matoušovi 8:5-13 předstoupil před Ježíše a požádal ho, aby uzdravil jednoho z jeho služebníků, který ležel doma ochrnutý a strašně trpěl. Když Ježíš setníkovi řekl: *„Já přijdu a uzdravím ho,"* (v. 7) setník odpověděl: *„Pane, nejsem hoden, abys vstoupil pod mou střechu; ale řekni jen slovo, a můj sluha bude uzdraven,"* (v. 8) a ukázal Ježíši svou velikou víru. Potom, co Ježíš uslyšel setníkovu odpověď, zaradoval se a pochválil ho. *„Amen, amen, pravím vám, tak velikou víru jsem v Izraeli nenalezl u nikoho"* (v. 10). A v tu chvíli se setníkův sluha uzdravil.

V Markovi 5:21-43 je zaznamenán příklad úžasného skutku uzdravení. Když byl Ježíš u moře, přišel k němu jeden představený synagógy, jménem Jairos, a sotva Ježíše spatřil, padl mu k nohám. Úpěnlivě Ježíše prosil. *„Má dcerka umírá. Pojď, vlož na ni ruce, aby byla zachráněna a žila!"* (v. 23).

Jak šel Ježíš s Jairem, přišla k němu žena, která měla dvanáct let krvácení. Podstoupila mnohé léčení u mnoha lékařů a vynaložila všecko, co měla, ale nic jí nepomohlo, naopak, šlo to s ní stále k horšímu.

Žena zaslechla, že je Ježíš nablízku a vprostřed zástupu, který

Ježíše následoval, přišla zezadu a dotkla se jeho šatu. Protože žena věřila: „*Dotknu-li se aspoň jeho šatu, budu vysvobozena!*" (v. 28), tak když vložila svou ruku na Ježíšův šat, rázem přestalo její krvácení a ucítila v těle, že je vyléčena ze svého trápení. Ježíš si hned povšimnul, že z něho vyšla síla, otočil se v zástupu a řekl: „*Kdo se to dotkl mého šatu?*" (v. 30). Když žena pověděla celou pravdu, Ježíš jí řekl: „*Dcero, tvá víra tě zachránila. Odejdi v pokoji, uzdravena ze svého trápení!*" (v. 34). Dal ženě spasení stejně jako požehnání v podobě zdraví. V té době přišli lidé z domu Jairova a řekli: „*Tvá dcera zemřela*" (v. 35). Ježíš ujistil Jaira a řekl mu: „*Neboj se, jen věř!*" (v. 36) a dále šel k Jairovu domu. Tam Ježíš pověděl lidem: „*Dítě neumřelo, ale spí*" (v. 39) a řekl dívce: „*Talitha koum!*" *(což znamená* „*Děvče, pravím ti, vstaň!*") (v. 41). Tu děvče hned vstalo a začalo chodit.

Věřte, že když požádáte s vírou, může být uzdravena i vážná nemoc a může být oživen i mrtvý. Pokud jste se až do této chvíle modlili s pochybnostmi, čiňte pokání a získáte uzdravení a sílu.

5) Musíte se kát z toho, že jste nedodržovali Boží nařízení.

V Janovi 14:21 nám Ježíš říká: „*Kdo přijal má přikázání a zachovává je, ten mě miluje. A toho, kdo mě miluje, bude milovat můj Otec; i já ho budu milovat a dám mu to poznat.*" 1 Janův 3:21-22 nám rovněž připomíná: „*Moji milí, jestliže nás srdce neobviňuje, máme svobodný přístup k Bohu; oč bychom ho žádali, dostáváme od něho, protože zachováváme jeho přikázání a činíme, co se mu líbí.*" Hříšník nemůže mít svobodný přístup k Bohu. Avšak jestliže jsou naše srdce důvěřující a dokonalá, když je měříme se Slovem pravdy, můžeme Boha statečně požádat o cokoliv.

Proto musíte jako věřící v Boha znát a chápat desatero přikázání, které slouží jako souhrn šedesáti šesti knih Bible a objevit, kolik vašeho života jste prožili v neposlušnosti těchto přikázání.

I. Měl jsem ve svém srdci jiné bohy mimo Boha?

II. Neudělal jsem si modly ze svého majetku, dětí, zdraví, práce a podobně a neuctíval jsem je?

III. Vzal jsem jméno Boží nadarmo?

IV. Dodržoval jsem vždy den odpočinku jako svatý?

V. Měl jsem své rodiče vždy v úctě?

VI. Dopustil jsem se někdy fyzické nebo duchovní vraždy, protože jsem nenáviděl své bratry a sestry nebo je svedl k hříchu?

VII. Dopustil jsem se někdy cizoložství, třeba jen ve svém srdci?

VIII. Kradl jsem?

IX. Vydal jsem proti svému bližnímu křivé svědectví?

X. Dychtil jsem po majetku svého bližního?

Navíc se musíte také podívat zpátky a vidět, zda jste dodržovali Boží nařízení, abyste milovali své bližní jako sami sebe. Když zachováváte Boží nařízení a dotazujete se Boha, Bůh moci uzdraví jakoukoliv a všechny vaše nemoci.

6) Musíte se kát, že jste nezaseli v Bohu.

Protože Bůh vládne nade vším ve vesmíru, ustavil soubor zákonů pro duchovní svět a jako spravedlivý soudce podle nich vede a řídí všechny věci.

V Danielovi 6 byl král Darjaveš postaven do obtížné pozice, ve které nemohl zachránit svého milovaného služebníka Daniela ze lví jámy, třebaže byl král. Protože vydal výnos se svým vlastním podpisem, Darjaveš nemohl neposlechnout zákon, který sám nařídil. Pokud by král byl prvním, kdo poruší pravidlo a neposlechne zákon, kdo mu bude věnovat pozornost a sloužit mu? Proto, třebaže měl být jeho milovaný služebník Daniel vhozen do lví jámy podle plánu zlých lidí, nemohl s tím Darjaveš nic udělat.

Ze stejného důvodu, protože Bůh neporušuje pravidla a dodržuje zákon, který sám stanovil, se všechno ve vesmíru děje podle přesného řádu pod Boží svrchovaností. Proto: *„Neklamte se, Bohu se nikdo nebude posmívat. Co člověk zaseje, to také sklidí"* (Galatským 6:7).

Do té míry, do jaké zaséváte v modlitbě, dostanete odpovědi a duchovně vyrostete a vaše vnitřní bytost bude posílena a váš duch obnoven. Pokud jste bývali nemocní nebo trpívali slabostmi, ale nyní zaséváte svůj čas ve své lásce k Bohu tím, že se horlivě účastníte všech bohoslužeb, obdržíte požehnání v podobě zdraví a nepochybně ucítíte změnu ve svém těle. Pokud v Bohu zaséváte své bohatství, ochrání vás a zaštítí před zkouškami a rovněž vám dá požehnání v podobě velikého bohatství.

Když pochopíte, jak důležité je zasévat v Bohu a opustíte naděje pro tento svět, který se zkazí a zhyne, a namísto toho začnete v opravdové víře hromadit svou odměnu v nebesích, všemohoucí Bůh vás povede k životu ve zdraví za všech časů.

S pomocí Božího slova jsme tak až doteď zkoumali, co se stalo hradbou mezi Bohem a člověkem a proč jsme žili sklíčeni nemocí. Jestliže jste nevěřili v Boha a trpěli nemocí, přijměte Ježíše jako svého Spasitele a začněte život v Kristu. Nebojte se těch, kdo mohou zabít tělo. Namísto toho bázní před tím jediným, který může odsoudit tělo a ducha k peklu, střežte svou víru v Boha spasení před pronásledováním svých rodičů, sourozenců, chotě nebo choti, tchyně nebo tchána a ostatních. Když Bůh uzná vaši víru, bude působit a vy budete moci získat milost uzdravení.

Pokud jste věřící, ale trpíte nemocí, podívejte se zpět na sebe, abyste viděli zbytky špatnosti jako nenávist, žárlivost, závist, nepravost, zvrácenost, chtivost, zlověstný motiv, vražda, svár, pomluva, osočování, pýcha a podobně. Když se budete modlit k Bohu a získáte odpuštění v jeho milosti a milosrdenství, získáte také odpověď na problém vašeho onemocnění.

Mnoho lidí se pokouší smlouvat s Bohem. Říkají, že když je Bůh uzdraví z jejich nemocí a chorobných stavů, uvěří v Ježíše a budou ho následovat. Protože však Bůh zná hloubku srdce každého jednotlivce, až potom, co lidi duchovně očistí, každého z nich uzdraví z jeho fyzické nemoci.

Kéž pochopením toho, že myšlení člověka a Boha je rozdílné, můžete nejprve zachovávat Boží vůli, aby se vašemu duchu dobře dařilo a přitom obdržet požehnání v podobě uzdravení z vaší nemoci. Takto se modlím ve jménu našeho Pána Ježíše Krista!

Kapitola 3

Bůh Uzdravovatel

Jestliže opravdu budeš poslouchat Hospodina,
svého Boha, dělat, co je v jeho očích správné,
naslouchat jeho přikázáním a dbát na všechna jeho nařízení,
nepostihnu tě žádnou nemocí, kterou jsem postihl Egypt.
Neboť já jsem Hospodin, já tě uzdravuji.

Exodus 15:26

1. Proč člověk onemocní?

Třebaže Bůh Uzdravovatel chce, aby žily všechny jeho děti svůj život ve zdraví, mnoho z nich trpí bolestmi z nemocí, aniž by dokázaly problém nemoci vyřešit. Zrovna jako má každý následek svou příčinu, existuje rovněž příčina každé nemoci. Protože jakoukoliv nemoc lze rychle vyléčit, jakmile je stanovena příčina, všichni ti, kdo si přejí získat uzdravení, musí nejprve určit příčinu své nemoci. Pomocí Božího slova z Exodus 15:26 se můžeme zabrat do příčiny nemoci a zkoumat způsoby, jakými můžeme být od nemoci osvobozeni a žít svůj život ve zdraví.

„HOSPODIN" je jméno označující Boha a znamená „JSEM, KTERÝ JSEM" (Exodus 3:14). Toto jméno rovněž naznačuje, že všechny ostatní bytosti podléhají autoritě velectěného Boha. Ze způsobu, jakým o sobě Bůh prohlásil „já jsem Hospodin, já tě uzdravuji" (Exodus 15:26), se dozvídáme o Boží lásce, která nás osvobozuje z utrpení nemoci a o Boží moci, která uzdravuje nemoci.

V Exodus 15:26 nám Bůh zaslíbil: *„Jestliže opravdu budeš poslouchat Hospodina, svého Boha, dělat, co je v jeho očích správné, naslouchat jeho přikázáním a dbát na všechna jeho nařízení, nepostihnu tě žádnou nemocí, kterou jsem postihl Egypt. Neboť já jsem Hospodin, já tě uzdravuji."* A tak, pokud jste onemocněli, je to důkazem toho, že jste pozorně neposlouchali Boží hlas, nedělali, co je v Božích očích správné a nevěnovali pozornost jeho nařízením.

Protože jsou Boží děti občané nebe, musí dodržovat nebeský

zákon. Jestliže však nebeští občané nedodržují své zákony, Bůh je nemůže ochraňovat, protože hřešit je protizákonné (1 Janův 3:4). Potom proniknou do člověka síly nemoci a ponechají neposlušné Boží děti útrapám nemoci.

Prozkoumejme nyní podrobněji způsoby, jakými můžeme onemocnět, příčiny nemocí a to, jak moc Boha Uzdravovatele může uzdravit ty z vás, kteří trpí nemocí.

2. Příklad toho, kdy člověk onemocní v důsledku hříchu

V celé Bibli nám Bůh znovu a znovu připomíná, že příčinou nemoci je hřích. V Janovi 5:14 čteme: *„Později vyhledal Ježíš toho člověka [člověka, kterého dříve uzdravil] v chrámě a řekl mu: ,Hle, jsi zdráv. Už nehřeš, aby tě nepotkalo něco horšího!'"* Tento verš nám říká, že když by člověk znovu zhřešil, mohl by onemocnět mnohem vážnější nemocí, než byla ta předtím a také to, že lidé onemocní proto, že zhřeší.

V Deuteronomiu 7:12-15 nám Bůh zaslíbil: *„Za to, že tato práva budete poslouchat a bedlivě je dodržovat, bude Hospodin, tvůj Bůh, zachovávat tobě smlouvu a milosrdenství, jak přísahal tvým otcům. Bude tě milovat a bude ti žehnat a rozmnoží tě. Požehná plodu tvého života i plodu tvé role, tvému obilí, tvému moštu, tvému oleji, vrhu tvého skotu a přírůstku tvého bravu na zemi, o níž se přísahou zavázal tvým otcům, že ti ji dá. Budeš požehnaný nad každý jiný lid,* *nevyskytne se neplodný nebo neplodná u tebe ani u tvého dobytka. Hospodin od tebe odvrátí každou nemoc, nevloží na tebe žádnou ze zhoubných chorob egyptských, které jsi poznal, ale uvalí je na všechny, kdo tě nenávidí."* V těch, kdo nenávidí, je zlo a hřích a na takové bude uvalena nemoc.

V Deuteronomiu 28, běžně známé jako „Kapitola o požehnání", nám Bůh říká o různých požehnáních, která obdržíme, když budeme zcela poslouchat svého Boha a pečlivě následovat všechna jeho nařízení. Rovněž nám říká o všemožných prokletích, která na nás budou seslána a zastihnou nás, pokud se nebudeme pečlivě řídit všemi jeho nařízeními a rozhodnutími.

Do podrobností jsou obzvláště popsány druhy nemocí, kterým budeme vystaveni, pokud neuposlechneme Boha. Hospodin způsobí mor, zimnici, úbytě, palčivou horečku, sněť, sucho, pohromu a plíseň; Hospodin nás raní „egyptskými vředy a boulemi, svrabem a prašivinou, které nebudeš moci vyléčit"; Hospodin nás raní šílenstvím, slepotou a pomatením mysli; Hospodin nás raní na kolenou i na stehnech, od chodidla až po temeno zlými vředy, které nebudeme moci vyléčit (Deuteronomium 28:21-35).

Když správně pochopíte, že příčinou nemoci je hřích, tak pokud onemocníte, musíte nejprve činit pokání z toho, že jste nežili podle Božího slova a tak získáte odpuštění. Jakmile dojdete uzdravení, protože žijete podle Božího slova, nesmíte nikdy znovu zhřešit.

3. Příklad toho, kdy člověk onemocní, i když si nemyslí, že by zhřešil

Někteří lidé říkají, že i když nezhřešili, přece jen onemocněli. Boží slovo nám však říká, že pokud děláme, co je v Božích očích správné a pokud věnujeme pozornost jeho nařízením a dodržujeme všechna jeho ustanovení, potom nás Bůh nepostihne žádnou nemocí. Jestliže jsme onemocněli, musíme uznat, že jsme po nějakou dobu nedělali, co bylo v Božích očích správné a nedodržovali jeho ustanovení.

Jaký hřích tedy způsobuje nemoci?

Pokud někdo používal své zdravé tělo, které mu Bůh dal, bez sebeovládání nebo nemorálně, neposlouchal jeho nařízení, dopouštěl se chyb nebo vedl nespořádaný život, uvaluje sám sebe do většího rizika možného onemocnění. Do této kategorie nemocí rovněž patří gastroenteritida způsobená nadměrným nebo nepravidelným stravováním, onemocnění jater zapříčiněné pokračujícím kouřením a pitím a mnoho dalších druhů nemocí způsobených přepracováním.

Toto se možná z lidského pohledu nemusí jevit jako hřích, ale v Božích očích jde o hřích. Nadměrná konzumace potravin je hřích, protože ukazuje na něčí chamtivost a neschopnost se ovládat. Pokud někdo onemocní kvůli nepravidelnému příjmu potravy, jeho hřích nespočívá v tom, že nevede rutinní život nebo že nedodržuje čas určený k jídlu, ale že týrá své tělo bez sebeovládání. Pokud někdo onemocní potom, co zkonzumuje jídlo, které nebylo ještě úplně hotové, jeho hříchem je netrpělivost – nezachoval se v souladu s pravdou. Použije-li člověk neopatrně nůž a řízne se, a zranění zhnisá, je to rovněž důsledek jeho hříchu. Jestliže by skutečně miloval Boha, Bůh by ho před všemi nehodami vždy ochránil. I kdyby se dopustil chyby, Bůh by pro něj zajistil cestu ven a protože působí pro dobro lidí, kteří ho milují, na těle by mu nezůstala ani jizva. Ke zranění a úrazu by došlo proto, že jednal chvatně a ne řádným způsobem, což nebylo v Božích očích správné a tak by bylo jeho jednání hříšné.

Stejné pravidlo se vztahuje na kouření a pití. Pokud si je někdo vědom toho, že kouření zastírá jeho mysl, poškozuje jeho průdušky a způsobuje rakovinu, ale stále není schopen toho nechat, a jestliže si je někdo vědom toho, že toxicita v alkoholu poškozuje jeho vnitřnosti a zhoršuje fungování orgánů v jeho těle, ale stále není schopen s tím přestat, jde o hříšné jednání. Ukazuje to na jeho neschopnost sám sebe ovládat a jeho chamtivost, nedostatek lásky k jeho tělu a nenásledování Boží vůle. Jak by to nemohlo být hříšné?

I když bychom si nebyli jisti tím, zda všechny nemoci jsou důsledkem hříchu, můžeme si tím nyní být jisti potom, co prozkoumáme mnoho různých případů a porovnáme je s Božím slovem. Abychom byli osvobozeni od nemocí, musíme vždy poslouchat Boží slovo a žít podle něj. Jinými slovy, když děláme, co je v Božích očích správné, věnujeme pozornost jeho nařízením a dodržujeme všechna jeho ustanovení, Bůh nás vždy ochrání a zaštítí.

4. Nemoci způsobené neurózou a jinými mentálními poruchami

Statistiky nám říkají, že počet lidí trpících neurózou a jinými mentálními poruchami, je na vzestupu. Pokud jsou lidé trpěliví, jak nás vyučuje Boží slovo a jestliže odpouštějí, milují a chápou v souladu s pravdou, mohli by být snadno osvobozeni od takovýchto nemocí. Avšak, v jejich srdci zůstává stále zlo a zlo jim nedovoluje žít podle Slova. Duševní trápení má za následek úpadek ostatních částí těla, zhoršení imunitního systému a nakonec vede k nemoci. Když žijeme podle Božího slova, naše emoce nevybuchnou, nebudeme prchliví a naše mysl nebude popouzena.

Okolo nás jsou lidé, kteří se nejeví jako špatní, ale jako dobří, přesto trpí tímto druhem nemocí. Protože u sebe samých potlačují i obyčejný projev emocí, trpí mnohem vážnější nemocí než ti, kdo dají průchod svému hněvu a vzteku. Dobrota v pravdě není bolest z konfliktu mezi kontrastujícími emocemi; namísto toho jde o vzájemné porozumění v odpuštění a lásce a poskytnutí si útěchy v sebeovládání a trpělivosti.

Navíc, když se lidé vědomě dopouštějí hříchů, začnou trpět mentální nemocí zapříčiněnou duševním trápením a ničením se. Protože nejednají v dobrotě, ale upadají hlouběji do zla, jejich duševní utrpení způsobí nemoc. Měli bychom vědět, že neurózu a jiné mentální poruchy si způsobujeme sami a jsou zapříčiněné naší vlastní hloupostí a špatnými způsoby. I v takovém případě Bůh lásky uzdraví všechny ty, kteří ho budou hledat a přejí si být uzdraveni. Navíc jim dá naději v nebe a dovolí jim přebývat v pravém štěstí a nalézt skutečnou útěchu.

5. Nemoci od nepřítele ďábla rovněž způsobuje hřích

Někteří lidé jsou posedlí satanem a trpí všemožnými nemocemi, které na ně uvalil nepřítel ďábel. To proto, že se vzdálili od Boží vůle a odešli od pravdy. Důvodem toho, proč je v rodinách, které neobyčejně uctívají modly, velké množství lidí, kteří jsou nemocní, fyzicky postižení a posedlí démonem, je to, že Bůh nenávidí modlářství.

V Exodus 20:5-6 najdeme: *„Nebudeš se ničemu takovému klanět ani tomu sloužit. Já jsem Hospodin, tvůj Bůh, Bůh žárlivě milující. Stíhám vinu otců na synech do třetího i čtvrtého pokolení těch, kteří mě nenávidí, ale prokazuji milosrdenství tisícům pokolení těch, kteří mě milují a má přikázání zachovávají."* Bůh nám dal zvláštní nařízení zakazující nám uctívat modly. Z desatera přikázání, která nám dal, můžeme z prvních dvou přikázání – *„Nebudeš mít jiného boha mimo mne"* (v. 3) a *„Nezobrazíš si Boha zpodobením ničeho, co je nahoře na nebi, dole na zemi nebo ve vodách pod zemí"* (v. 4) – snadno vydedukovat, jak moc si Bůh oškliví uctívání model.

Jestliže rodiče neposlouchají Boží vůli a uctívají modly, jejich děti budou přirozeně následovat jejich příkladu. Pokud rodiče nezachovávají Boží slovo a konají zlo, jejich děti budou přirozeně následovat jejich příkladu a konat zlo. Když hřích neposlušnosti přesáhne do třetí a čtvrté generace, jako mzda hříchu, jejich potomci budou trpět nemocemi, které na ně uvalí nepřítel ďábel.

Třebaže rodiče uctívají modly, ale jejich děti z hloubi svého dobrého srdce uctívají Boha, prokáže jim Bůh svou lásku a milosrdenství a požehná jim. I když lidé v současné době trpí nemocemi, které na ně uvalil nepřítel ďábel potom, co se vzdálili od Boží vůle a odešli od pravdy, když činí pokání a odvrátí se od své hříšné cesty, Bůh Uzdravovatel je očistí. Některé uzdraví hned; jiné uzdraví trochu později; a ještě další uzdraví podle růstu jejich víry. Skutek uzdravení se uskuteční podle Boží vůle: mají-li lidé v jeho očích neměnné srdce, budou uzdraveni ihned; je-li však jejich srdce vychytralé, budou uzdraveni později.

6. Když žijeme ve víře, budeme od nemoci osvobozeni

Protože byl Mojžíš nejpokornější ze všech lidí, kteří byli na zemi (Numeri 12:3) a byl věrný v celém Božím domě, byl shledán věrným Božím služebníkem (Numeri 12:7). Bible rovněž říká, že když Mojžíš zemřel ve věku sto dvaceti let, zrak mu nezeslábl a síla ho neopustila (Deuteronomium 34:7). Protože byl Abraham neporušený člověk, který s vírou poslouchal a uctíval Boha, dožil se věku 175 let (Genesis 25:7). Daniel byl zdráv, třebaže všechno, co jedl, byla zelenina (Daniel 1:12-16), zatímco Jan Křtitel byl statný, i když jedl pouze kobylky a med z divokých včel (Matouš

3:4). Člověk by se podivil, jak mohli lidé zůstat zdraví, aniž by konzumovali maso. Avšak když Bůh stvořil člověka, řekl mu, aby jedl pouze ovoce. V Genesis 2:16-17 Bůh říká muži: *„Z každého stromu zahrady smíš jíst. Ze stromu poznání dobrého a zlého však nejez. V den, kdy bys z něho pojedl, propadneš smrti."* Potom, co Adam neuposlechl, ho Bůh nechal jíst pouze polní byliny (Genesis 3:18) a jak hřích na tomto světě začal vzkvétat, po soudu potopou, řekl Bůh Noemu v Genesis 9:3: *„Každý pohybující se živočich vám bude za pokrm; jako zelenou bylinu vám dávám i toto všechno."* Jak se člověk postupně stával horším, Bůh mu dovolil jíst maso, ale ne žádné „ohavné" jídlo (Leviticus 11; Deuteronomium 14).

V novozákonní době nám Bůh ve Skutcích 15:29 řekl: *„Zdržujte se všeho, co bylo obětováno modlám, také krve, pak masa zvířat, která nebyla zbavena krve, a konečně smilstva. Jestliže se toho všeho vyvarujete, budete jednat správně. Buďte zdrávi."* Dovolil nám jíst jídlo, které je prospěšné pro naše zdraví a doporučil nám zdržet se jídla, které nám škodí; bude pro nás více než prospěšné nejíst ani nepít jakékoliv jídlo, které se Bohu nelíbí. Do té míry, do jaké následujeme Boží vůli a žijeme ve víře, naše těla zesílí, nemoci nás opustí a žádná jiná nemoc nás nepostihne.

Kromě toho neonemocníme, když žijeme spravedlivě ve víře, protože před dvěma tisíci lety přišel na tento svět Ježíš Kristus a nesl všechna naše těžká břemena. Protože věříme, že prolitím své krve nás Ježíš vykoupil z našich hříchů a jeho jizvami a tím, že na sebe vzal naše slabosti (Matouš 8:17), jsme uzdraveni, bude nám učiněno podle naší víry (Izajáš 53:5-6; 1 Petrův 2:24). Než jsme se setkali s Bohem, neměli jsme žádnou víru. Žili jsme pronásledováni touhami naší hříšné přirozenosti a trpěli různými nemocemi v důsledku našeho hříchu. Když žijeme ve víře a děláme všechno spravedlivě, bude nám požehnáno fyzickým zdravím. Když je mysl zdravá, tělo je také zdravé. Když budeme přebývat ve spravedlnosti a jednat v souladu s Božím slovem, naše tělo bude naplněno Duchem svatým. Nemoci nás opustí a jak naše tělo získá fyzické zdraví, nepronikne do nás žádná nemoc. Protože bude naše tělo v klidu, bude se cítit lehké, bude pociťovat radost a zdraví a nebudeme chtít nic jiného než vzdát Bohu díky za to, že nám dal zdraví.

Kéž jednáte spravedlivě a ve víře tak, že se vašemu duchu bude dobře dařit a vy budete uzdraveni ze všech svých nemocí a slabostí a získáte zdraví! Kéž rovněž obdržíte přehojnou Boží lásku potom, co budete zachovávat Boží slovo a žít podle něj. Takto se modlím ve jménu našeho Pána Ježíše Krista!

Kapitola 4

Jeho jizvami jsme uzdraveni

Byly to však naše nemoci,
jež nesl, naše bolesti na sebe vzal,
ale domnívali jsme se,
že je raněn, ubit od Boha a pokořen.
Jenže on byl proklán pro naši nevěrnost,
zmučen pro naši nepravost.
Trestání snášel pro náš pokoj,
jeho jizvami jsme uzdraveni.

Izajáš 53:4-5

1. Ježíš jako Boží Syn uzdravoval všechny nemoci

Jak lidé řídí běh svého vlastního života, setkávají se s rozmanitými problémy. Zrovna jako moře není vždy klidné, i na moři života se vyskytuje mnoho problémů majících svůj původ doma, v práci, podnikání, v nemoci, majetku a podobně. Není přehnané tvrdit, že mezi těmito problémy v životě hraje nejvýznamnější úlohu nemoc.

Bez ohledu na to, jaké množství majetku a kolik vědomostí může jedinec mít, pokud je zastižen vážnou nemocí, ze všeho, pro co se po celý život namáhal, nezbude nic než splasklá bublina. Na jednu stranu vidíme, že jak se materialistická civilizace vyvíjí a vzrůstá blahobyt, roste také lidská touha po zdraví. Na druhou stranu, bez ohledu na to, jak moc se věda a medicína mohou vyvíjet, nepřetržitě se objevují nové a vzácné druhy nemocí, proti kterým je lidské vědění marné a množství lidí trpících těmito nemocemi neustále roste. Snad proto se dnes klade ještě větší důraz na zdraví.

Utrpení, nemoc a smrt – všechno pramenící z hříchu – ztělesňují hranice člověka. Stejně jako to Bůh dělal ve starozákonní době, tak nám Bůh Uzdravovatel i dnes představuje způsob, jakým mohou být lidé, kteří v něho věří, svou vírou v Ježíše Krista uzdraveni ze všech nemocí. Pojďme prozkoumat Bibli a uvidíme, proč díky své víře v Ježíše Krista dostáváme odpovědi na problém nemoci a vedeme své životy ve zdraví.

Když se Ježíš zeptal svých učedníků: „A za koho mne pokládáte vy?", Šimon Petr odpověděl: „Ty jsi Mesiáš, Syn Boha živého" (Matouš 16:15-16). Tato odpověď zní docela jednoduše, ale rovněž jasně zjevuje, že pouze Ježíš je Kristus.

V Ježíšově době následovatel Ježíše veliký zástup mimo jiné hlavně proto, že ihned uzdravoval lidi, kteří byli nějakým způsobem nemocní. Byli mezi nimi lidé posedlí démonem, epileptici, ochrnutí a další trpící nejrůznějšími druhy nemocí. Když byli Ježíšovým dotekem uzdraveni malomocní, lidé se zimnicí, mrzáci, slepí a tak dále, začali ho následovat a sloužit mu. Jak úžasný na to musel být pohled! Potom, co se lidé stali svědky takovýchto zázraků a divů, uvěřili v Ježíše, přijali ho, získali odpovědi na problémy ve svém životě a nemocní zakusili skutky uzdravení. Navíc, zrovna jako Ježíš uzdravoval lidi ve své době, kdokoliv, kdo před něj předstoupí, může získat uzdravení i dnes.

Brzy po založení mé církve navštívil páteční celonoční bohoslužbu muž, který neměl daleko k chromému. Po automobilové nehodě muž podstoupil dlouhodobou léčbu v nemocnici. Nicméně protože došlo k natažení šlach na kolenou, nebyl schopen je ohnout a protože nemohl pohnout lýtky, bylo pro něj nemožné, aby chodil. Jak poslouchal kázání, zatoužil přijmout Ježíše Krista a být uzdraven. Když jsem se za muže horlivě pomodlil, ihned se postavil a začal chodit a běhat. Projevil se úžasný Boží skutek, zrovna jako když chromý od narození sedící u chrámové brány, které se říkalo Krásná, po Petrově modlitbě vyskočil na nohy a začal chodit (Skutky 3:1-10).

Toto slouží jako důkaz toho, že kdokoliv uvěří v Ježíše Krista a získá odpuštění v jeho jménu, může být zcela uzdraven ze všech svých nemocí – třebaže je nedokázala vyléčit lékařská věda – protože dojde k obnovení jeho těla. Bůh, který je tentýž včera i dnes i na věky (Židům 13:8), působí v lidech, kteří věří v jeho Slovo a hledají ho, podle míry jejich víry a uzdravuje různé nemoci, otevírá oči slepým a nechává chromé vstát.

Každému, kdo přijal Ježíše Krista, byly odpuštěny všechny jeho hříchy a stal se Božím dítětem. Ten pak musí žít svobodný život.

Pojďme nyní podrobně prozkoumat, proč může každý z nás žít svůj život ve zdraví, když uvěří v Ježíše Krista.

2. Ježíš byl bičován a prolil svou krev

Před svým ukřižováním byl Ježíš před soudem Pontia Piláta bičován římskými vojáky a prolil zde mnoho krve. Římští vojáci se v Ježíšově době pyšnili skvělým zdravím, byli mimořádně silní a dobře trénovaní. Konec konců byli vojáky impéria, které svého času vládlo nad světem. Nesnesitelná bolest, kterou Ježíš snášel, když ho tito silní vojáci svlékli a bičovali, se nedá dostatečně popsat slovy. Při každé ráně se bič omotal okolo Ježíšova těla, utrhl kus živého masa a z těla vytékala krev.

Proč musel být Ježíš, Boží Syn, který je bez hříchu, viny a poskvrny, tak krutě bičován a krvácet za nás hříšníky? Do této události je vtisknut duchovní aspekt veliké hloubky a úžasné Boží prozíravosti.

1 Petrův 2:25 nám říká, že Ježíšovy rány nás uzdravily. V

Izajáši 53:5 čteme, že jeho jizvami jsme uzdraveni. Asi před dvěma tisíci lety podstoupil Boží Syn Ježíš trest, aby nás vykoupil z utrpení nemoci a krev, kterou prolil, byla za náš hřích, že jsme nežili podle Božího slova. Když věříme v tohoto Ježíše, který byl bičován a krvácel, budeme již osvobozeni od našich nemocí a uzdraveni. Toto je důkaz ohromující Boží lásky a moudrosti.

Proto, trpíte-li nemocí jako Boží dítě, čiňte pokání ze svých hříchů a věřte, že jste již byli uzdraveni. Protože *„Věřit Bohu znamená spolehnout se na to, v co doufáme, a být si jist tím, co nevidíme"* (Židům 11:1), tak třebaže cítíte bolest v postižených částech svého těla, vírou, se kterou si můžete říct: „Už jsem byl uzdraven," bude vaše tělo opravdu brzy uzdraveno.

Během svých školních let jsem si poranil jedno ze svých žeber, a když se čas od času bolest vracela, byla tak nesnesitelná, že jsem měl potíže s dýcháním. Rok nebo dva roky poté, co jsem přijal Ježíše Krista, se bolest vrátila, když jsem se pokoušel zvednout nějaký těžký předmět a já jsem nedokázal udělat další krok. Protože jsem však zakusil a věřil v moc všemohoucího Boha, naléhavě jsem se modlil: „Když se brzy po modlitbě budu moci pohnout z místa na místo, věřím, že bolest zmizí a já budu moci chodit." Protože jsem věřil pouze ve svého všemohoucího Boha a vymazal myšlenku na bolest, mohl jsem se postavit a chodit. Bylo to, jakoby bolest byla pouze v mé představivosti.

Jak nám Ježíš řekl v Markovi 11:24: *„Proto vám pravím: ,Věřte, že všecko, oč v modlitbě poprosíte, je vám dáno a budete to mít,'"* tak věříme-li, že jsme již byli uzdraveni, budeme opravdu uzdraveni podle své víry. Nicméně pokud si myslíme, že jsme kvůli přetrvávající bolesti ještě uzdraveni nebyli, nemoc vyléčena nebude. Jinými slovy, pouze když rozbijeme skládanku svých vlastních myšlenek, bude všechno dokonáno podle naší víry.

Proto nám Bůh říká, že hříšná mysl je nepřátelská Bohu (Římanům 8:7) a nabádá nás k tomu, abychom uvedli do poddanství každou myšlenku, aby byla poslušna Krista (2 Korintským 10:5). Kromě toho, v Matoušovi 8:17 nalézáme, že Ježíš na sebe vzal naše slabosti a nesl naše nemoci. Pokud si myslíte: ‚Jsem slabý,‘ můžete jedině zůstat slabí. Avšak, bez ohledu na to, jak těžký a vyčerpávající může být váš život, pokud vaše rty vyznávají: „Protože mám v sobě Boží moc a milost a protože mi vládne Duch svatý, nejsem vyčerpaný," únava zmizí a vy budete proměněni v člověka plného síly.

Pokud s jistotou věříme v Ježíše Krista, který na sebe vzal naše slabosti a nesl naše nemoci, musíme pamatovat na to, že neexistuje důvod, proč bychom měli trpět nemocí.

3. Když Ježíš uviděl jejich víru

Nyní, když jsme byli uzdraveni z našich nemocí Ježíšovými jizvami, je to, co potřebujeme, víra, díky které tomuto můžeme věřit. V dnešní době předstupuje před Ježíše Krista se svými nemocemi mnoho lidí, kteří v něho předtím nevěřili. Někteří lidé jsou uzdraveni chvíli potom, co přijmou Ježíše Krista, zatímco u jiných nedochází k žádnému pokroku i po měsících modliteb.

Druhá skupina lidí se potřebuje podívat zpět a prozkoumat svou víru.

Pojďme díky popisu zaznamenanému v Markovi 2:1-12 prozkoumat, jak ochrnutý muž a jeho přátelé projevili svou víru, přiměli uzdravující ruku našeho Pána, aby ochrnutého osvobodil od jeho nemoci a vzdali Bohu slávu.

Když Ježíš navštívil Kafarnaum, zprávy o jeho příchodu se rychle rozšířily a shromáždil se veliký zástup. Ježíš jim kázal Boží slovo – pravdu – a zástup mu věnoval velikou pozornost a přál si, aby jim neuniklo ani jedno Ježíšovo slovo. Právě v té chvíli s sebou přinesli čtyři muži ochrnutého člověka na nosítkách, ale kvůli velikému zástupu nemohli přinést ochrnutého blíže k Ježíšovi.

Nicméně, nevzdali to. Namísto toho vyšli na střechu domu, ve kterém Ježíš pobýval, vyhloubili nad ním otvor, prorazili ho a spustili dolů nosítka, na kterých ochrnutý muž ležel. Když Ježíš uviděl jejich víru, řekl ochrnutému: „Synu, odpouštějí se ti hříchy, vstaň, vezmi své lože a jdi domů!" a ochrnutý byl uzdraven, po čemž tak usilovně toužil. Když vzal své lože a vyšel před očima všech ven, všichni žasli a chválili Boha.

Ochrnutý muž trpěl tak vážnou nemocí, že nebyl schopen se sám pohybovat. Když uslyšel zprávy o Ježíšovi, který otevřel oči slepému, postavil na nohy chromého, uzdravil malomocného, vyháněl démony a uzdravoval mnoho jiných rozličných nemocí, kterými lidé trpěli, zoufale zatoužil potom se s Ježíšem setkat. Protože měl tento muž dobré srdce, tak když uslyšel takovéto zprávy, zatoužil se s Ježíšem setkat, jakmile zjistí, kde se Ježíš nachází.

Potom jednoho dne ochrnutý muž zaslechl, že Ježíš přišel do Kafarnaum. Dokážete si představit, jak velkou radost musel mít, když uslyšel tuhle zprávu? Musel vyhledat přátele, kteří by mu mohli pomoci a jeho přátelé, kteří měli naštěstí sami víru, ochotně přijali prosbu svého přítele. Protože přátelé ochrnutého rovněž slyšeli zprávy o Ježíšovi, tak když je jejich přítel naléhavě požádal, aby ho přinesli k Ježíšovi, ochotně souhlasili.

Pokud by přátelé ochrnutého muže nesplnili jeho prosbu a vysmáli se mu: „Jak můžeš věřit takovým věcem, když jsi je sám neviděl?", nepodstoupili by všechny problémy s tím spojené, aby svému příteli pomohli. Protože však také měli víru, mohli svého přítele nést na nosítkách, každý z nich za jeden konec nosítek, a dokonce podstoupit problém spojený s prorážením otvoru ve střeše domu.

Jak ustaraní a sklíčení museli být, když potom, co vykonali náročnou cestu, uviděli shromážděný veliký zástup a nemohli se protlačit blíž k Ježíšovi? Museli žádat a dokonce úpěnlivě prosit za úzký průchod pro nosítka. Nicméně, kvůli velikému množství shromážděných lidí žádný průchod neviděli a začali být zoufalí. A tak se nakonec rozhodli vystoupit na střechu domu, ve kterém Ježíš pobýval, prorazit otvor a spustit svého přítele ležícího na nosítkách přímo před Ježíše. Ochrnutý muž se dostal před Ježíše a setkal se s ním z nejbližší vzdálenosti, než kdokoliv jiný v zástupu. Z tohoto příběhu se můžeme dozvědět, jak naléhavě museli ochrnutý muž a jeho přátelé toužit potom se před Ježíše dostat.

Musíme však věnovat pozornost skutečnosti, že se ochrnutý muž a jeho přátelé nedostali před Ježíše snadno. Skutečnost, že podstoupili všemožné nesnáze, aby se s ním setkali, pouze potom, co o něm uslyšeli zprávy, nám říká, že věřili ve zprávy o něm a poselství, které vyučoval. Navíc, překonáním zjevných obtíží, svou výdrží a tím, jak průbojně se před Ježíše dostali, ochrnutý muž a jeho přátelé projevili svou pokoru, když před něj takto předstoupili.

Když lidé uviděli ochrnutého a jeho přátele jít na střechu a hloubit v ní otvor, mohl se jim zástup buď posmívat, nebo se na ně rozhněvat. Možná došlo k události, kterou si nedokážeme ani představit. Avšak, těmto pěti lidem nemohlo nic a nikdo zabránit v jejich plánu. Jakmile se setkali s Ježíšem, ochrnutý muž byl uzdraven a oni mohli snadno spravit nebo nahradit poškozenou střechu.

Mezi mnoha lidmi trpícími vážnými nemocemi v současné době je velmi těžké najít pacienta nebo jeho rodinu mající víru. Místo toho, aby se průbojně přiblížili k Ježíši, jsou pohotoví k tomu, aby řekli: „Jsem hrozně nemocný. Rád bych šel, ale nemůžu" nebo „Ta a ta v mé rodině je tak slabá, že se s ní nemůže hýbat." Je velmi skličující vidět takovéto pasivní lidi, u kterých se zdá, že jen čekají, až jim do úst přiletí pečený holub. Tito lidé, jinými slovy, postrádají víru.

Vyznávají-li lidé svou víru v Boha, musí zde být rovněž naléhavost, se kterou projevují svou víru. Protože člověk nemůže zakusit Boží působení díky víře, kterou získal a uložil pouze ve formě vědomostí, tak jedině, když projeví svou víru skutky, stane se jeho víra živou vírou a budou postaveny základy víry pro získání duchovní víry, kterou dává Bůh. Proto zrovna jako ochrnutý muž přijal Boží skutek uzdravení svými základy víry, musíme i my zmoudřet a ukázat Bohu naše základy víry – víry samotné – abychom také mohli vést životy, ve kterých získáme duchovní víru od Boha a zakusíme jeho zázraky.

4. Odpouštějí se ti hříchy

Ochrnutému, který se před něj dostal s pomocí svých čtyř přátel, Ježíš řekl: „Synu, odpouštějí se ti hříchy," a vyřešil problém hříchu. Pro člověka je nemožné získávat od Boha odpovědi, když je mezi ním a Bohem hradba z hříchů, proto u ochrnutého, který před něj předstoupil se základy víry, Ježíš nejprve vyřešil problém hříchu.

Pokud skutečně vyznáváme svou víru v Boha, Bible nám říká, s jakým postojem máme přicházet před Boha a jak máme jednat. Zachováváním nařízení typu „Dělat", „Nedělat", „Dodržovat", „Zahazovat" a podobně se nespravedlivý člověk promění v člověka spravedlivého a lhář změní v člověka pravdomluvného a čestného. Jestliže dodržujeme Slovo pravdy, naše hříchy budou očištěny krví našeho Pána a když získáme odpuštění, obdržíme shora Boží ochranu a odpovědi.

Protože všechny nemoci pramení z hříchu, tak jakmile je problém hříchu vyřešen, nastanou okolnosti, za kterých se může projevovat Boží působení. Zrovna jako žárovka je světlo a systém funguje, když elektřina vstoupí do anody a vyjde z katody, tak když Bůh vidí něčí základy víry, vyhlásí odpuštění a dá tomuto člověku víru shůry, čímž vykoná zázrak.

„Vstaň, vezmi své lože a jdi domů!" (Markovi 2:11) Jak dojemná je tato poznámka? Potom, co Ježíš uviděl víru ochrnutého a jeho čtyř přátel, vyřešil problém hříchu a ochrnutý začal ihned chodit. Ježíš dal ochrnutého po dlouhé době marného toužení dohromady. Ze stejného důvodu, pokud si přejeme dostávat odpovědi nejenom na naše nemoci, ale i na jiné problémy, které máme, musíme pamatovat na to, že musíme nejprve získat odpuštění a očistit svá srdce.

Když měli lidé malou víru, možná hledali řešení svých nemocí tak, že spoléhali na medicínu a lékaře, ale nyní, když jejich víra vyrostla a oni milují Boha a žijí podle jeho Slova, je nemoci nenapadají. Třebaže onemocněli, když se nejprve ohlédli zpět sami na sebe, činili pokání z hloubi svého srdce a odvrátili se od svých hříšných cest, neprodleně byli uzdraveni. Vím, že mnoho z vás má takové zkušenosti.

Před nedávnem byla jednomu staršímu v mé církvi diagnostifikována natržená ploténka a z ničeho nic se nebyl schopen hýbat. Okamžitě se ohlédl zpět na svůj život, činil pokání a přijal ode mě modlitbu. Na místě se odehrál uzdravující Boží skutek a on se opět uzdravil.

Když jeho dcera trpěla pyrexií, matka dítěte si uvědomila, že její prchlivost je kořenem utrpení jejího dítěte a když z toho činila pokání, dítě se opět uzdravilo.

Aby spasil celé lidstvo, které bylo kvůli Adamově

neposlušnosti na cestě ke zkáze, poslal Bůh na tento svět Ježíše Krista a dopustil, aby byl za nás proklet a ukřižován na dřevěném kříži. Proto Bible říká: „*Bez vylití krve není odpuštění*" (Židům 9:22) a „*Proklet je každý, kdo visí na dřevě*" (Galatským 3:13).

Nyní, když víme, že problém nemoci pramení z hříchu, musíme činit pokání ze všech našich hříchů a horlivě věřit v Ježíše Krista, který nás vykoupil ze všech našich nemocí. S takovou vírou bychom měli vést své životy ve zdraví. Mnoho bratří zakouší v dnešní době uzdravování, svědčí o Boží moci a nese svědectví o živém Bohu. Toto nám ukazuje na to, že komukoliv, kdo přijme Ježíše Krista a žádá v jeho jménu, může být na všechny problémy nemoci odpovězeno. Bez ohledu na to, jak vážná může něčí nemoc být, když dotyčný věří ve svém srdci v Ježíše Krista, který byl bičován a prolil svou krev, projeví se úžasný uzdravující Boží skutek.

5. Víra zdokonalená skutky

Jako získal ochrnutý muž uzdravení s pomocí svých čtyř přátel potom, co prokázali Ježíši svou víru, tak pokud my chceme obdržet touhy našeho srdce, musíme rovněž Bohu prokázat svou víru, která je doprovázena skutky, čímž položíme základy víry. Abych pomohl čtenářům lépe porozumět „víře", poskytnu jasné vysvětlení.

V životě člověka v Kristu může být „víra" rozdělena a vysvětlena ve dvou kategoriích. „Tělesná víra" nebo „víra jako vědomost" se vztahuje na takovou víru, se kterou může člověk věřit kvůli fyzickým důkazům a Boží slovo koresponduje s jeho vědomostmi a myšlením. Naopak, „duchovní víra" je taková víra, kterou může člověk věřit, třebaže nevidí důkazy a Boží slovo není ve shodě s jeho vědomostmi a myšlením.

„Tělesnou vírou" člověk věří, že něco viditelného bylo stvořeno pouze z něčeho jiného, co je rovněž viditelné. S „duchovní vírou", kterou člověk nemůže mít, jestliže začleňuje do procesu své vlastní myšlenky a vědomosti, člověk věří, že něco viditelného může být stvořeno z něčeho jiného, co není viditelné. To druhé vyžaduje zavržení lidských vědomostí a myšlenek.

Od narození je do mozku každého člověka zaznamenáváno nevyčíslitelné množství vědomostí. Zaznamenávají se věci, které vidí a slyší. Dále se zaznamenávají věci, které se učí doma a ve škole. Také se zaznamenávají věci, které se učí v různém prostředí a různých podmínkách. Avšak protože ne každá zaznamenaná vědomost je pravdivá, tak pokud je některá z nich v rozporu s Božím slovem, člověk ji musí přirozeně zavrhnout. Například, ve škole se člověk učí, že každá živá věc se buď odčlenila nebo vyvinula, a to od prvoka až po mnohobuněčný organismus, ale z Bible se učí, že všechny živé věci byly stvořeny Bohem podle svého druhu. Co by měl člověk udělat? Omyl evoluční teorie byl již nesčíslněkrát odhalen i vědou. Jak je možné si myslet, dokonce lidským rozumem, že se opice vyvinula v lidskou bytost a že se žába vyvinula v nějaký druh ptáka po stovce miliónů let? Dokonce i logika upřednostňuje stvoření.

Podobně se „tělesná víra" promění v „duchovní víru", jakmile se zbavíte svých pochybností a začnete stát na skále víry. Navíc, jestliže vyznáváte svou víru v Boha, musíte nyní uvést Boží slovo, které jste ukládali ve formě vědomostí, do praxe. Vyznáváte-li, že věříte v Boha, musíte sami sebe ukázat jako světlo tím, že budete dodržovat Hospodinův svatý den odpočinku, milovat své bližní a zachovávat Slovo pravdy.

Pokud by ochrnutý v 2. kapitole Marka zůstal doma, nebyl by uzdraven. Ale protože věřil, že bude uzdraven, jakmile se dostane před Ježíše a prokázal svou víru tím, že použil a zužitkoval každou dostupnou metodu, mohl ochrnutý získat uzdravení.

I když se někdo modlí s tím, že si přeje postavit dům: „Pane, já věřím, že se postaví dům," sto ani tisíc modliteb nebude vést k tomu, že se dům sám postaví. Musí do toho vnést svůj podíl práce tím, že připraví základy, vykope základy, postaví pilíře a tak dále; zkrátka, je zapotřebí „skutek."

Pokud vy nebo někdo z vaší rodiny trpí nemocí, věřte, že Bůh dá odpuštění a projeví skutek uzdravení, když uvidí všechny lidi ve vaší rodině sjednocené v lásce, v jednotě, kterou bude považovat za základ víry. Někteří lidé říkají, že protože na všechno je ten pravý čas, nastane také pravý čas na uzdravení. Nicméně, pamatujme, že „pravý čas" je, když člověk pokládá základy své víry před Bohem.

Kéž získáte odpovědi na své onemocnění stejně jako na cokoliv jiného, oč žádáte, a vzdáte Bohu chválu. Takto se modlím ve jménu našeho Pána Ježíše Krista!

Kapitola 5

Moc uzdravovat slabosti

Zavolal svých dvanáct učedníků
a dal jim moc nad nečistými duchy,
aby je vymítali a uzdravovali každou nemoc
a každou chorobu.

Matouš 10:1

1. Moc uzdravovat nemoci a slabosti

Existuje mnoho způsobů, jak nevěřícím lidem ukázat na živého Boha a uzdravování nemocí je jedním z nich. Když jsou uzdraveni lidé trpící nevyléčitelnými nemocemi a nemocemi končícími smrtí, vůči kterým je lékařská věda bezmocná, nejsou déle schopni popírat moc Boha Stvořitele, ale začnou v ní věřit a vzdají Bohu chválu.

Navzdory svým majetkovým poměrům, autoritě, slávě a vědomostem není mnoho lidí v současné době schopno vyřešit problém nemoci a tak jsou ponecháni napospas svému trápení. Třebaže nelze velké množství nemocí vyléčit navzdory vysoce rozvinuté lékařské vědě, tak když lidé věří ve všemohoucího Boha, spoléhají na něj a svěřují mu svůj problém s nemocí, všechny nevyléčitelné nemoci a nemoci končící smrtí mohou být vyléčeny. Náš Bůh je všemohoucí Bůh, pro něhož není nic nemožné. Dokáže stvořit něco z ničeho, nechat vypučet suchou hůl tak, že na ní vyrazí poupě, které rozkvete v květ (Numeri 17:23) i oživit mrtvého (Jan 11:17-44).

Moc našeho Boha může opravdu uzdravit jakoukoliv nemoc a chorobu. V Matoušovi 4:23 najdeme: *„Ježíš chodil po celé Galileji, učil v jejich synagógách, kázal evangelium království Božího a uzdravoval každou nemoc a každou chorobu v lidu,"* a v Matoušovi 8:17 čteme, že: *„Aby se naplnilo, co je řečeno ústy proroka Izaiáše: ,On slabosti naše na sebe vzal a nemoci nesl.'"* V těchto pasážích čteme o „nemoci", „chorobě" a „slabostech".

„Slabosti" se zde nevztahují na takové relativně lehké nemoci jako nachlazení nebo nemoc z vyčerpání. Jde o abnormální stav, kdy jsou funkce těla člověka, části těla nebo orgány ochromeny nebo došlo k jejich degeneraci kvůli nehodě nebo chybě rodičů nebo člověka samotného. Mezi ty, jejichž utrpení spadá mezi „slabosti" patří například ti, kteří jsou němí, hluší, slepí, chromí, trpí dětskou obrnou (jinak známou jako polioencefalitida) a podobně – zjednodušeně ti, kteří nemohou být uzdraveni pomocí lidských vědomostí. Navíc, mimo stavy způsobené nehodou nebo chybou rodičů nebo člověka samotného, existují lidé jako člověk slepý od narození popsaný v Janovi 9:1-3, kteří trpí slabostmi proto, aby se na nich zjevila Boží sláva. Tyto případy jsou však vzácné, protože většina je způsobena lidskou ignorancí a chybami.

Když lidé činí pokání a přijímají Ježíše Krista potom, co ho hledali a uvěřili v Boha, dává jim Bůh jako dar Ducha svatého. Spolu s Duchem svatým rovněž získávají právo stát se Božími dětmi. Když je Duch svatý s nimi, tak je s výjimkou velmi těžkých a vážných případů většina nemocí uzdravena. Samotná skutečnost, že obdrželi Ducha svatého, umožňuje ohni Ducha svatého na ně sestoupit a spálit jejich zranění. Kromě toho, třebaže někdo trpí těžkou nemocí, tak když se s vírou naléhavě modlí, zničí hradbu z hříchů mezi sebou a Bohem, odvrátí se od cesty hříchu a činí pokání, získá uzdravení podle své víry.

„Oheň Ducha svatého" se vztahuje na křest ohněm, který se uskuteční potom, co člověk dostane Ducha svatého a v Božích očích jde o Boží moc. Když se otevřel duchovní zrak Jana Křtitele

Moc uzdravovat slabosti • 63

a on prozřel, popsal oheň Ducha svatého jako „křest ohněm." V Matoušovi 3:11 řekl Jan Křtitel: „*Já vás křtím vodou k pokání; ale ten, který přichází za mnou, je silnější než já – nejsem hoden ani toho, abych mu zouval obuv; on vás bude křtít Duchem svatým a ohněm.*" Křest ohněm nepřichází kdykoliv, ale pouze tehdy, když je člověk naplněn Duchem svatým. Protože oheň Ducha svatého vždy sestupuje na toho, kdo je naplněn Duchem svatým, všechny jeho hříchy a nemoci budou spáleny a on začne žít svůj život ve zdraví.

Když křest ohněm spálí prokletí nemoci, většina nemocí je uzdravena; slabosti však nemohou být spáleny ani křtem ohněm. Jak tedy může dojít k uzdravení slabostí?

Všechny slabosti mohou být uzdraveny pouze Bohem danou mocí. Proto v Janovi 9:32-33 nalézáme toto: „*Co je svět světem, nebylo slýcháno, že by někdo otevřel oči slepého od narození. Kdyby tento člověk nebyl od Boha, nemohl by nic takového učinit.*"

Ve Skutcích 3:1-10 se nachází scéna, ve které Petr a Jan, kteří oba obdrželi Boží moc, pomohli člověku chromému od narození, který žebral u chrámové brány, které se říká „Krásná", vstát a chodit. Když mu Petr řckl v 6. verši: „*Stříbro ani zlato nemám, ale co mám, to ti dám: Ve jménu Ježíše Krista Nazaretského vstaň a choď!*" a vzal chromého za pravou ruku, ihned mužovy nohy a kotníky zesílily a on začal chválit Boha. Když lidé viděli muže, který býval dříve chromý, chodit a chválit Boha, žasli a byli u vytržení nad tím, co se stalo.

Pokud si někdo přeje být uzdraven, musí mít víru, kterou věří v Ježíše Krista. Třebaže byl chromý muž pouhým žebrákem, protože věřil v Ježíše Krista, mohl získat uzdravení, když se za něj modlili ti, kteří obdrželi Boží moc. Proto nám Písmo říká: *„A protože tento člověk, kterého tu vidíte a poznáváte, uvěřil v jeho jméno, moc Ježíšova mu dala sílu a zdraví – a víra, kterou jméno Ježíšovo v něm vzbudilo, úplně ho uzdravila před vašima očima"* (Skutky 3:16).

V Matoušovi 10:1 vidíme, že Ježíš dal svým učedníkům moc nad nečistými duchy, aby je vymítali, a moc uzdravovat každou nemoc a každou chorobu. Ve starozákonní době dával Bůh moc uzdravovat slabosti svým milovaným prorokům včetně Mojžíše, Elijáše a Elíši; v novozákonní době byla Boží moc s takovými apoštoly jako Petr a Pavel a s věrnými pracovníky Štěpánem a Filipem.

Jakmile někdo obdrží Boží moc, není nic nemožné, protože může pozvednout chromého, uzdravit ty, kteří trpí dětskou obrnou a umožnit jim chodit, nechat slepé prohlédnout, otevřít uši hluchým a uvolnit jazyk hluchoněmým.

2. Různé způsoby, jak uzdravit slabosti

1) Boží moc uzdravila hluchoněmého muže.

V Markovi 7:31-37 se nachází scéna, ve které Boží moc uzdravuje hluchoněmého muže. Když lidé přinesli muže k Ježíšovi a prosili ho, aby na něj vložil ruku, Ježíš si vzal muže stranou od zástupu a vložil prsty do jeho uší. Pak si uplivl a dotkl se slinou jeho jazyka. Vzhlédl k nebi a s hlubokým povzdechem řekl: ‚*Effatha!*' *(což znamená:* ‚*Buď uzdraven!')"* (v. 34). Ihned se mu otevřel sluch, uvolnilo se pouto jeho jazyka a začal mluvit správně.

Proč Bůh, který stvořil všechno ve vesmíru svým Slovem, nemohl uzdravit svým Slovem také tohoto muže? Proč Ježíš vložil prsty do jeho uší? Protože hluchý člověk nemohl slyšet zvuk a komunikovat znakovým jazykem, nemohl tento muž získat víru způsobem, jakým všichni ostatní, třebaže Ježíš mluvil silným hlasem. Protože Ježíš věděl, že tento muž postrádá víru, vložil prsty do jeho uší, aby prostřednictvím doteku prstů mohl muž začít získávat víru, kterou by mohl být uzdraven. Nejdůležitějším prvkem je víra, kterou člověk věří, že by mohl být uzdraven. Ježíš mohl uzdravit muže svým Slovem, ale protože muž neslyšel, Ježíš nejprve zasadil víru a nechal muže získat uzdravení uplatněním takovéto metody.

Proč si ale potom Ježíš uplivl a dotkl se slinou mužova jazyka? Skutečnost, že si Ježíš uplivl, nám říká, že zlý duch způsobil, že muž oněměl. Kdyby vám někdo plivnul do tváře bez jakéhokoliv konkrétního důvodu, jak byste to přijali? Je to neuctivé jednání a nemorální chování, které vysoce znevažuje osobu člověka. Protože plivání obecně symbolizuje neúctu a ponížení, Ježíš si také uplivl proto, aby vyhnal zlého ducha.

V Genesis najdeme, že Bůh proklel hada, aby jedl prach po všechny dny svého života. Toto se jinými slovy vztahuje na Boží prokletí nepřítele ďábla a satana, který navedl hada, aby z člověka, který byl učiněn z prachu, udělal svou kořist. Proto od dob Adama nepřítel ďábel usiluje o to, aby udělal z člověka svou kořist, a hledá každou příležitost, aby mohl člověka trápit a zahubit. Zrovna jako mouchy, komáři a červi obývají špinavá místa, nepřítel ďábel přebývá v lidech, jejichž srdce jsou plná hříchu, zla a prchlivosti a drží jejich mysl jako rukojmí. Musíme si uvědomit, že pouze ti, kdo žijí a jednají podle Božího slova, mohou být uzdraveni ze svých nemocí.

2) Boží moc uzdravila slepého muže.
V Markovi 8:22-25 nalezneme následující:

> *Přišli do Betsaidy. Přivedli k němu slepce a prosili jej, aby se ho dotkl. I vzal toho slepého za ruku a vyvedl ho z vesnice; potřel mu slinou oči, vložil na něho ruce a ptal se ho: ‚Vidíš něco?' On pozvedl oči a řekl: ‚Vidím lidi, vypadají jako stromy a chodí.' Potom mu znovu položil ruce na oči; slepý prohlédl, byl uzdraven a viděl všecko zcela zřetelně.*

Když se Ježíš modlil za tohoto slepého muže, potřel mu slinou oči. Proč tedy tento slepý muž nezačal vidět hned napoprvé, kdy se za něho Ježíš pomodlil, ale až se za něho Ježíš pomodlil podruhé? Svou mocí mohl Ježíš muže zcela uzdravit, ale protože měl muž malou víru, Ježíš se pomodlil podruhé a pomohl mu víru získat. Skrze toto nás Ježíš učí, že když někteří lidé nemohou získat uzdravení napoprvé potom, co se za ně pomodlíme, měli bychom se za ně modlit dvakrát, třikrát nebo dokonce čtyřikrát, dokud nebude zasazeno semínko víry, díky kterému by mohli uvěřit ve své uzdravení.

Ježíš, pro kterého nebylo nic nemožné, se pomodlil znovu, když věděl, že slepý muž nemůže být uzdraven svou vírou. Co bychom měli udělat my? Určitě bychom měli s dalšími prosbami a modlitbami vytrvat, dokud nedojdeme uzdravení.

V Janovi 9:6-9 je muž slepý od narození, který získal uzdravení potom, co Ježíš plivl na zem, udělal ze sliny bláto a potřel slepému tím blátem oči. Proč Ježíš uzdravil muže tím, že plivl na zem, udělal ze sliny bláto a potřel slepému tím blátem oči? Slina se zde nevztahuje na nic nečistého; Ježíš plivl na zem, aby mohl udělat ze sliny bláto a potřít jím slepému oči. Ježíš udělal ze sliny bláto také proto, že voda byla vzácná. V případě, že se u dětí vytvoří vřídek nebo otok nebo je kousne hmyz, rodiče často láskyplným způsobem potřou postižené místo svou slinou. Měli bychom tedy chápat lásku našeho Pána, který používal rozličné prostředky k tomu, aby pomohl slabým získat víru.

Jak Ježíš potřel slepému blátem oči, muž ucítil ve svých očích bláto a začal získávat víru, kterou mohl být uzdraven. Potom, co dal Ježíš slepému muži, jehož vlastní víra byla malá, víru, otevřel svou mocí muži oči.

Ježíš nám říká: *„Neuvidíte-li zázraky a znamení, neuvěříte"* (Jan 4:48). V dnešní době je téměř nemožné pomoci lidem získat takovou víru, kterou člověk může uvěřit, jen prostřednictvím Božího slova, aniž by se lidé stali svědky divů a zázraků uzdravení. Ve věku, kdy došlo k obrovskému pokroku vědy a lidského poznání, je mimořádně obtížné získat duchovní víru, kterou člověk uvěří v neviditelného Boha. Často slýcháváme: „Věřit znamená vidět." Podobně, protože víra lidí poroste a skutek uzdravení se bude dít čím dál tím rychleji, když lidé uvidí hmatatelné důkazy svědčící o živém Bohu, jsou absolutně nezbytná „zázračná znamení a divy."

3) Boží moc uzdravila chromého muže.

Jak Ježíš kázal dobrou zprávu a uzdravoval lidi trpící všemožnými chorobami a nejrůznějšími nemocemi, jeho učedníci rovněž projevovali Boží moc.

Když Petr nařídil chromému žebrákovi: *„Ve jménu Ježíše Krista Nazaretského vstaň a choď!"* (v. 6) a vzal ho za pravou ruku, vtom se chromému zpevnily nohy a kotníky, vyskočil na nohy a začal chodit (Skutky 3:6-10). Když lidé viděli zázračná znamení a divy, které Petr projevil potom, co obdržel Boží moc, začalo více lidí věřit v Pána. Dokonce vynášeli nemocné na ulici a kladli je na lehátka a na nosítka, aby na některého padl aspoň Petrův stín, až půjde kolem. Také z ostatních míst v okolí Jeruzaléma se scházely zástupy lidí, přinášeli nemocné a sužované nečistými duchy a všichni byli uzdravováni. (Skutky 5:14-16).

Ve Skutcích 8:5-8 najdeme: *„Filip odešel do města Samaří a zvěstoval tam Krista. Všichni lidé byli zaujati Filipovými slovy, když je slyšeli, a když viděli znamení, která činil. Neboť z mnoha posedlých vycházeli s velikým křikem nečistí duchové a mnoho ochrnutých a chromých bylo uzdraveno. A tak nastala veliká radost v tom městě"* (Skutky 8:5-8).

Ve Skutcích 14:8-12 čteme o muži, který měl ochrnuté nohy, byl chromý od narození a nikdy nechodil. Ten poslouchal Pavlovo kázání a potom, co získal víru, díky které mohl získat spasení, Pavel zvolal mocným hlasem: „*Postav se zpříma na nohy!*" (v. 10) a on vyskočil a chodil. Ti, kdo se stali svědky této události, provolávali: „*To k nám sestoupili bohové v lidské podobě!*" (v. 11).

Ve Skutcích 19:11-12 vidíme: „*Bůh konal skrze Pavla neobvyklé mocné činy. Lidé dokonce odnášeli k nemocným šátky a zástěry, kterých se dotkl, a zlí duchové je opouštěli.*"
Jak úžasná a ohromující je Boží moc?

Skrze lidi, jejichž srdce dosáhla posvěcení a úplné lásky jako tomu bylo u Petra, Pavla a diákonů Filipa a Štěpána, se projevuje Boží moc i dnes. Když lidé předstupují před Boha s vírou a přejí si, aby je Bůh uzdravil z jejich slabostí, mohou být uzdraveni tak, že se za ně pomodlí některý z Božích služebníků, skrze kterého Bůh působí.

Od založení církve Manmin mi živý Bůh umožnil projevovat rozmanitá zázračná znamení a divy, zasadil víru do srdcí členů této církve a přinesl veliké probuzení.

Kdysi k nám chodila žena, která byla předmětem týrání svého manžela alkoholika. Když u ní došlo k ochromení očních nervů a lékaři se po těžkém fyzickém týrání vzdali jakékoliv naděje, žena přišla do církve Manmin potom, co o ní uslyšela zprávy, které v ní vzbudily naději. Protože se horlivě účastnila bohoslužeb a naléhavě se modlila za své uzdravení, pomodlil jsem se za ni a ona znovu prohlédla. Boží moc zcela spravila oční nervy, u kterých se zdálo, že je natrvalo ztratila.

Při další události zde byl muž, který utrpěl vážný úraz, při kterém došlo k rozdrcení jeho páteře na osmi místech. Protože došlo k ochromení spodní části jeho těla, byl na pokraji amputace obou svých dolních končetin. Potom, co přijal Ježíše Krista, došlo k odvrácení amputace, ale přesto musel spoléhat na berle. Potom začal navštěvovat setkání v Modlitebním centru Manmin a o něco později během páteční celonoční bohoslužby potom, co ode mě přijal modlitbu, muž odhodil berle, začal chodit po svých nohách a stal se od té doby poslem evangelia.

Boží moc dokáže zcela uzdravit slabosti, které lékařská věda vyléčit nedokáže. V Janovi 16:23 nám Ježíš zaslibuje: „*V onen den se mě nebudete již na nic ptát. Amen, amen, pravím vám, budete-li o něco prosit Otce ve jménu mém, dá vám to.*" Kéž můžete uvěřit v úžasnou Boží moc, usilovně ji hledat, dostat odpovědi na všechny problémy spojené s vaší nemocí a stát se poslem, který ponese dobrou zprávu o živém a všemohoucím Bohu. Takto se modlím ve jménu našeho Pána Ježíše Krista!

Kapitola 6

Způsoby, jak uzdravovat démonem posedlé

Když [Ježíš] vešel do domu
a jeho učedníci s ním byli sami, ptali se ho:
„Proč jsme ho nemohli vyhnat my?"
Řekl jim: „Takový duch nemůže vyjít jinak,
než modlitbou a postem."

Marek 9:28-29

1. V posledních dnech láska vychladne

Pokrok moderní vědecké civilizace a vývoj průmyslu s sebou přinesly materiální blahobyt a umožnily lidem, aby se honili za větším pohodlím a prospěchem. Současně tyto dva faktory vedly k odcizení, do nebe volajícímu sobectví, zradě a komplexu podřízenosti mezi lidmi, protože láska polevuje, zatímco porozumění a odpuštění lze nalézt jen těžko.

Jak předpovídá Matouš 24:12: *„A protože se rozmůže nepravost, vychladne láska mnohých,"* v době, kdy zlo vzkvétá a láska chladne, je jedním z nejvážnějších problémů v naší dnešní společnosti vzrůstající počet lidí trpících takovými mentálními poruchami jako nervové zhroucení a schizofrenie.

Ústavy pro mentálně postižené izolují mnoho pacientů, kteří nejsou schopni vést normální život, ale dosud pro ně nenašly vhodný lék. Jestliže po letech léčení nedojde k žádnému pokroku, rodiny to unaví a v mnoha případech ignorují nebo opouštějí pacienty jako sirotky. Tito pacienti, kteří žijí v ústraní a bez rodin, nejsou schopni fungovat způsobem, jakým fungují normální lidé. Ačkoliv od svých milovaných vyžadují opravdovou lásku, neexistuje mnoho lidí, kteří by takovým jedincům svou lásku prokazovali.

V Bibli najdeme mnoho případů, kdy Ježíš uzdravil lidi posedlé démonem. Proč byly tyto případy zaznamenány v Písmu? Jak se blíží konec věků, láska chladne a satan týrá lidi. Způsobuje, aby trpěli mentálními poruchami, a adoptuje je jako ďáblovy děti. Satan týrá lidi, způsobuje nemoci, mate a poskvrňuje lidskou mysl hříchem a zlem. Protože je společnost prosáklá hříchem a zlem, lidé jsou pohotoví k tomu, aby záviděli, přeli se, nenáviděli a vraždili se navzájem. Jak se blíží poslední dny, křesťané musí být schopni rozlišovat pravdu od nepravdy, střežit svou víru a vést své životy ve zdraví jak fyzicky, tak mentálně.

Prozkoumejme nyní důvody stojící za satanovým naváděním a týráním stejně jako za vzrůstajícím počtem lidí posedlých satanem a démony a trpících mentálními poruchami v naší moderní společnosti, ve které došlo k velkému pokroku vědecké civilizace.

2. Proces posedlosti satanem

Každý má svědomí a většina lidí jedná a žije podle svého svědomí, ale úroveň svědomí každého jedince a důsledky z něho plynoucí se člověk od člověka liší. To proto, že každý člověk se narodil a vyrůstal v odlišném prostředí a podmínkách, viděl, slyšel a naučil se od rodičů, doma a ve škole jiné věci a zaznamenal odlišné informace.

Na jednu stranu nám Boží slovo, které je pravda, říká: *„Nedej se přemoci zlem, ale přemáhej zlo dobrem"* (Římanům 12:21) a nabádá nás: *„Já však vám pravím, abyste se zlým nejednali jako on s vámi; ale kdo tě uhodí do pravé tváře, nastav mu i druhou"* (Matouš 5:39). Protože Boží slovo vyučuje lásku a odpuštění, dospějí ti, kdo v něj věří k úsudku, že „Ztráta je výhra." Na druhou stranu, jestliže se někdo naučí, že by měl oplatit úder, dospěje k úsudku, který mu přikazuje, že obrana je statečné jednání, zatímco uhýbání bez obrany je zbabělé. Různé svědomí u různých lidí budou utvářet tři faktory – úroveň úsudku každého jedince, to zda žil spravedlivý nebo nespravedlivý život, a jak hodně uzavíral kompromisy se světem.

Protože lidé žili své životy rozdílně a jejich svědomí jsou tudíž různá, Boží nepřítel satan toho využívá k tomu, aby sváděl lidi žít podle hříšné přirozenosti, v rozporu se spravedlností a dobrem tím, že v nich vyvolává zlé myšlenky a podněcuje je k hříchu.

V srdcích lidí existuje konflikt mezi touhami Ducha svatého, díky kterým mají žít podle Božího zákona a touhami hříšné přirozenosti, díky kterým jsou lidé nuceni uskutečňovat své tělesné touhy. Proto nás Bůh v Galatským 5:16-17 nabádá: „*Chci říci: Žijte z moci Božího Ducha, a nepodlehnete tomu, k čemu vás táhne vaše přirozenost. Touhy lidské přirozenosti směřují proti Duchu Božímu, a Boží Duch proti nim. Jde tu o naprostý protiklad, takže děláte to, co dělat nechcete.*"

Pokud žijeme podle tužeb Ducha svatého, zdědíme Boží království; následujeme-li touhy hříšné přirozenosti a nežijeme podle Božího slova, nezdědíme Boží království. Proto nás Bůh v Galatským 5:19-21 takto varoval:

> *Skutky lidské svévole jsou zřejmé: necudnost, nečistota, bezuzdnost, modlářství, čarodějství, rozbroje, hádky, žárlivost, vášeň, podlost, rozpory, rozkoly, závist, opilství, nestřídmost a podobné věci. Řekl jsem už dříve a říkám znovu, že ti, kteří takové*

věci dělají, nebudou mít podíl na království Božím.

Jak tedy dojde k tomu, že člověka posedne démon?

Skrze myšlenky člověka satan vyvolává touhy hříšné přirozenosti v jedinci, jehož srdce je naplněno hříšnou přirozeností. Pokud není tento člověk schopen udržet pod kontrolou svou mysl a koná skutky hříšné přirozenosti, usadí se v něm pocit viny a jeho srdce se bude stávat horším a horším. Když se tyto skutky hříšné přirozenosti nahromadí, nakonec nebude člověk schopen sám sebe ovládat a namísto toho udělá cokoliv, k čemu ho satan navede. O takovém jedinci se říká, že je „posedlý" satanem.

Například, dejme tomu, že máme lenivého muže, který nerad pracuje, ale namísto toho upřednostňuje pití alkoholu a mrhání časem. Takového jedince začne satan podněcovat a převezme kontrolu nad jeho myslí, takže přilne k pití a mrhání časem s přesvědčením, že pracovat je obtížné. Satan ho rovněž odvede pryč od dobroty, kterou je pravda, oloupí ho o energii nutnou k životu a změní ho v nezpůsobilého a neužitečného člověka.

Protože žije a chová se podle satanových myšlenek, není muž schopen satanovi uniknout. Navíc, jak se jeho srdce mění v horší a horší a on se sám poddává zlým myšlenkám, místo toho, aby ovládal své srdce, udělá cokoliv, co satana potěší. Pokud se chce rozzlobit, rozzlobí se ke svému uspokojení; pokud se chce prát nebo se hádat, bude se prát a hádat tak moc, jak se mu to bude líbit; a pokud se mu zachce napít, nebude schopen zamezit tomu, aby se napil. Když se to všechno nakupí, od určitého bodu nebude schopen ovládat své myšlení a srdce a zjistí, že všechny věci se odehrávají proti jeho vůli. Po tomto procesu se stane posedlým démonem.

3. Příčina posedlosti démonem

Existují dva hlavní důvody toho, proč je někdo podněcován satanem a později posedlý démonem.

1) Rodiče

Jestliže rodiče odešli od Boha, uctívali modly, což se Bohu oškliví a shledává to odporným nebo udělali něco mimořádně zlého, potom síly zlých duchů proniknou do jejich dětí a pokud zůstanou ničím neomezované, budou děti posedlé démonem. V takovém případě musí rodiče předstoupit před Boha, činit úplné pokání ze svých hříchů, odvrátit se od svých hříšných cest a úpěnlivě prosit Boha za své děti. Bůh potom nahlédne do srdce rodičů a projeví skutek uzdravení, čímž uvolní řetězy nespravedlnosti.

2) Člověk samotný

Bez ohledu na hřích rodičů může být člověk posedlý démonem kvůli své vlastní nepravdě zahrnující zlo, pýchu a tak dále. Protože se tento jedinec nemůže modlit a činit pokání sám, řetězy nespravedlnosti mohou být uvolněny tehdy, když se za něj modlí Boží služebník, který projevuje Boží moc. Když dojde k vyhnání démona a on přijde ke smyslům, měl by být vyučován Božímu slovu, aby jeho srdce, které bylo kdysi prosáklé hříchem a zlem, bylo očištěno a stalo se srdcem pravdy.

Proto, jestliže je někdo z rodinných členů nebo příbuzných posedlý démonem, rodina musí stanovit jedince, který se za tohoto člověka bude modlit. To proto, že srdce a mysl posedlého člověka ovládá démon a on není schopen udělat nic ze své vlastní vůle. Nedokáže se ani modlit ani poslouchat Slovo pravdy; a tak nemůže žít podle pravdy. Proto se za něj musí celá rodina nebo alespoň jeden člověk z rodiny modlit s láskou a soucitem, aby mohl démonem posedlý člen rodiny nyní žít ve víře. Když Bůh uvidí oddanost a lásku v této rodině, projeví skutek uzdravení. Ježíš nám řekl, abychom milovali své bližní jako sami sebe (Lukáš 10:27). Pokud nejsme schopni modlit se a oddat se členovi své vlastní rodiny, který je posedlý démonem, jak o sobě můžeme říct, že milujeme své bližní?

Když rodina a přátelé člověka, který je posedlý démonem, stanoví příčinu posedlosti, činí pokání, modlí se s vírou v Boží moc, obětují se v lásce a zasadí semínko víry, potom budou démonické síly vyhnány a jejich milovaný se promění v člověka pravdy, kterému bude Bůh štítem a ochrání ho proti démonům.

4. Způsoby, jak uzdravit lidi posedlé démonem

V mnoha částech Bible se nachází popis uzdravení lidí posedlých démonem. Prozkoumejme nyní, jak došli k uzdravení.

1) Musíte odrazit démonické síly.

V Markovi 5:1-20 najdeme muže, který byl posedlý nečistým duchem. Verše 3-4 mluví o tomto muži takto: *„Ten bydlel v hrobech a nikdo ho nedokázal spoutat už ani řetězy. Často totiž byl už spoután okovy a řetězy, ale řetězy se sebe strhal a okovy rozlámal. Nikdo neměl sílu ho zkrotit."* Z Marka 5:5-7 se dozvídáme následující: *„A stále v noci i ve dne křičel mezi hroby a na horách a bil do sebe kamením. Když spatřil z dálky Ježíše, přiběhl, padl před ním na zem a hrozně křičel: ,Co je ti po mně, Ježíši, synu Boha nejvyššího? Při Bohu tě zapřísahám, netrap mě!'"*

To byla reakce na Ježíšův příkaz: *„Duchu nečistý, vyjdi z toho člověka!"* (v. 8). Tato scéna nám říká, že i když lidé nevěděli, že Ježíš je Boží Syn, nečistý duch přesně věděl, kdo Ježíš je a jakou má moc.

Ježíš se potom zeptal: *„Jaké je tvé jméno?"* a démonem posedlý muž odpověděl: *„Mé jméno je Legie, poněvadž je nás mnoho"* (v. 9). Také znovu a znovu velmi prosil Ježíše, aby je neposílal pryč z té krajiny a potom ho prosil, aby je nechal vejít do vepřů. Ježíš se neptal na jméno proto, že by ho neznal; ptal se na jméno jako soudce vyslýchající nečistého ducha. Kromě toho „Legie" znamená, že muže drželo jako rukojmí veliké množství démonů.

Ježíš nechal „Legii" vstoupit do stáda vepřů, které se hnalo střemhlav po srázu do moře a v moři se utopilo. Když vyháníme démony, musíme tak činit se Slovem pravdy, které symbolizuje voda. Když lidé viděli muže, kterého nedokázala zkrotit lidská moc, zcela zdravého, jak sedí oblečen a chová se rozumně, zděsili se.

Jak bychom měli vyhánět démony dnes? Aby se jejich moc ztratila, měli bychom je vyhánět ve jménu Ježíše Krista do vody, která symbolizuje Boží slovo, nebo do ohně, který symbolizuje Ducha svatého. Protože jsou však démoni duchovní bytosti, lze je vyhnat, když se za to modlí člověk s mocí vyhánět démony. Když se pokusí je vyhnat jedinec bez víry, démoni ho na oplátku zneváží nebo se mu budou vysmívat. Proto, abychom uzdravili někoho posedlého démonem, musí se za něj modlit Boží člověk, který má moc démony vyhánět.

Někdy ale nelze démony vyhnat ani, když je vyhání Boží člověk ve jménu Ježíše Krista. To proto, že jedinec posedlý démony se rouhal nebo mluvil proti Duchu svatému (Matouš 12:31; Lukáš 12:10). Uzdravení se dále nemůže projevit u některých démonem posedlých lidí, když úmyslně pokračují v hřešení potom, co obdrželi poznání pravdy (Židům 10:26).

Kromě toho v Židům 6:4-6 najdeme: *„Kdo byli už jednou osvíceni a okusili nebeského daru, kdo se stali účastníky Ducha svatého a zakusili pravdivost Božího slova i moc budoucího věku, a pak odpadli, s těmi není možno znovu* *začínat a vést je k pokání, protože znovu křižují Božího Syna a uvádějí ho v posměch."*

Nyní, když jsme se toto dozvěděli, musíme sami sebe chránit, abychom se snad někdy nedopustili hříchu, za který bychom nemohli získat odpuštění. Musíme rovněž rozlišovat v pravdě, zda může nebo nemůže být někdo, kdo je posedlý démonem, uzdraven modlitbou.

2) Vyzbrojte se pravdou.

Jakmile jsou z lidí vyhnáni démoni, musí své srdce naplnit životem a pravdou tak, že budou horlivě číst Boží slovo, chválit Boha a modlit se. Třebaže jsou démoni vyhnáni, pokud lidé pokračují v životě v hříchu, aniž by se vyzbrojili pravdou, vyhnaní démoni se vrátí a tentokrát je budou doprovázet ještě horší démoni. Pamatujte, že stav lidí bude daleko horší, než když do nich vstoupili démoni poprvé.

V Matoušovi 12:43-45 nám Ježíš říká následující:

Když nečistý duch vyjde z člověka, bloudí po pustých místech a hledá odpočinutí, ale nenalézá. Tu řekne: ‚Vrátím se do svého domu, odkud jsem vyšel'; Přijde a nalezne jej prázdný, vyčištěný a uklizený. Tu jde a přivede s sebou sedm jiných duchů, horších, než je sám, a vejdou a bydlí tam; a konce toho člověka jsou horší, než začátky. Tak bude i s tímto zlým pokolením.

Démoni se nedají vyhnat nedbale. Navíc, potom, co dojde k vyhnání démona, přátelé a rodina toho, kdo byl posedlý démonem, by měli chápat, že tento člověk nyní vyžaduje péči s ještě větší láskou než předtím. Musí se o něho oddaně a obětavě starat a vyzbrojit ho pravdou, dokud nedojde k úplnému uzdravení.

5. Všechno je možné tomu, kdo věří

V Markovi 9:17-27 je popis toho, kdy Ježíš potom, co uviděl víru otce, uzdravil jeho syna posedlého duchem, který ho připravil o řeč a který trpěl epilepsií. Nyní stručně prozkoumejme, jak syn došel k uzdravení.

1) Rodina musí projevit svou víru.

Syn v 9. kapitole Marka byl kvůli posedlosti démonem od dětství němý a hluchý. Nerozuměl ani slovu a komunikace s ním byla nemožná. Kromě toho bylo obtížné stanovit, kdy a kde se příznaky epilepsie vyskytnou. Jeho otec proto žil ve strachu a mukách a ztratil v životě veškerou naději.

Potom otec uslyšel o muži z Galileje, který konal zázraky, při kterých oživoval mrtvé a uzdravoval různé nemoci. Do mužova zoufalství probleskl paprsek naděje. Pokud jsou zprávy pravdivé, věřil otec tomu, že tento muž z Galileje by mohl uzdravit také jeho syna. V naději ve štěstí přivedl otec svého syna před Ježíše a řekl mu: „*Ale můžeš-li, slituj se nad námi a pomoz nám*" (Marek

9:22). Když Ježíš uslyšel otcovu naléhavou prosbu, řekl: „*Můžeš-li! Všechno je možné tomu, kdo věří,*" (v. 23) a napomenul otce pro jeho malou víru. Otec slyšel zprávy, ale nevěřil jim ve svém srdci. Pokud by si byl otec vědom toho, že je Ježíš jako Boží Syn všemohoucí a navíc pravda samotná, nebyl by býval řekl: „Můžeš-li." Aby nás naučil, že bez víry je nemožné zalíbit se Bohu a že bez úplné víry, kterou člověk může věřit, je nemožné dostávat odpovědi, Ježíš řekl: „Můžeš-li!", jak napomínal otce pro jeho „malou víru."

Víru můžeme obecně rozdělit na dva druhy. „Tělesnou vírou" nebo „vírou jako vědomostí" může člověk věřit v to, co vidí. Víra, kterou může člověk věřit, aniž by to viděl, je „duchovní víra", „opravdová víra", „živá víra" nebo „víra doprovázená skutky." Tato víra dokáže stvořit něco z ničeho. Definice „víry" podle Bible je následující: „*Spolehnout se na to, v co doufáme, a být si jist tím, co nevidíme*" (Židům 11:1).

Když lidé trpí nemocemi léčitelnými člověkem, mohou být uzdraveni, když projeví svou víru a jsou naplněni Duchem svatým, protože je jejich nemoc spálena ohněm Ducha svatého. Onemocní-li začátečník v životě ve víře, může být uzdraven, když otevře své srdce, poslouchá Boží slovo a projeví svou víru. Pokud onemocní křesťan se zralou vírou, může být uzdraven, když se odvrátí od své hříšné cesty prostřednictvím pokání.

Když lidé trpí nemocemi, které nedokáže vyléčit lékařská věda, musí tedy projevit víru, která je větší. Jestliže onemocní křesťan se zralou vírou, může být uzdraven, když otevře své srdce, činí pokání roztržením svého srdce a předloží Bohu horlivou modlitbu. Onemocní-li někdo s malou vírou nebo bez víry, nebude uzdraven, dokud mu nebude dána víra a podle růstu jeho víry se projeví skutek uzdravení.

Ti, kdo jsou fyzicky postižení, jejichž těla jsou znetvořena, a dědičné nemoci mohou dojít uzdravení pouze Božím zázrakem. Tudíž musí Bohu projevit oddanost a víru, díky kterým mohou Boha milovat a líbit se mu. Až potom Bůh uzná jejich víru a provede uzdravení. Když lidé projeví Bohu svou horlivou víru – způsobem, jakým volal naléhavě na Ježíše Bartimaios (Marek 10:46-52), způsobem, jakým projevil Ježíši svou velikou víru setník (Matouš 8:5-13) a způsobem, jakým projevili víru a oddanost ochrnutý a jeho čtyři přátelé (Marek 2:3-12) – Bůh jim dá uzdravení.

Podobně, protože lidé, kteří jsou posedlí démonem, nemohou být uzdraveni bez Božího působení a nejsou schopni projevit svou víru, tak aby došlo k uzdravení z nebe, musí věřit ve všemohoucího Boha ostatní členové rodiny a předstoupit před něj.

2) Lidé musí mít víru, kterou mohou věřit.

Otce syna, který byl dlouho posedlý démonem, nejprve napomenul Ježíš za jeho malou víru. Když Ježíš muži s určitostí řekl: *„Všechno je možné tomu, kdo věří,"* (Marek 9:23) otcovy rty vydaly souhlasné vyznání: „Věřím." Nicméně, jeho důvěra byla omezená na vědomost. Proto otec žádal Ježíše: *„[Pomoz] mé nedověře!"* (Marek 9:24). Potom, co uslyšel prosbu otce, jehož upřímné srdce, horlivou modlitbu a víru Ježíš znal, dal otci víru, kterou mohl nyní věřit.

Ze stejného důvodu, když voláme k Bohu, můžeme obdržet víru, kterou můžeme věřit a s touto vírou se staneme způsobilými k tomu, abychom mohli dostávat odpovědi na naše problémy a „nemožné" se stane „možným."

Jakmile otec získal víru, kterou mohl věřit a Ježíš nařídil: *„Duchu němý a hluchý, já ti nařizuji, vyjdi z něho a nikdy už do něho nevcházej!"*, zlý duch syna s výkřikem opustil (Marek 9:25-27). Protože otcovy rty prosily o víru, kterou by mohl otec věřit a toužil po Boží intervenci – i potom, co ho Ježíš pokáral – Ježíš projevil ohromující skutek uzdravení.

Ježíš odpověděl a dal úplné uzdravení otcovu synu, který byl posedlý duchem, který ho připravil o řeč, a který trpěl epilepsií, takže často padl na zem, svíjel se, měl pěnu u úst, skřípal zuby a ztuhnul. Neumožní potom těm, kdo věří v Boží moc, kterou je všechno možné a žijí podle Božího slova, aby se jim dobře dařilo a vedli svůj život ve zdraví?

Brzy po založení církve Manmin navštívil naši církev potom, co o ní uslyšel zprávy, mladý muž z provincie Gang-won. Mladý muž si myslel, že Bohu věrně slouží jako učitel nedělní školy a člen chválící skupiny. Nicméně protože byl mimořádně pyšný a neopustil zlo ve svém srdci, ale namísto toho se v něm hromadil hřích, mladý muž začal potom, co do jeho nečistého srdce vstoupil démon a přebýval v něm, velmi trpět. Ke skutku uzdravení došlo díky horlivé modlitbě a oddanosti jeho otce.

Potom, co došlo k určení identity démona a jeho vyhnání modlitbou, se mladému muži udělala u úst pěna, hodil s sebou na záda a vydal ze sebe příšerný zápach. Po této události se život mladého muže obnovil potom, co se v církvi Manmin vyzbrojil pravdou. V současné době věrně slouží zpátky ve své církvi v Gang-won a vzdává Bohu chválu tím, že sdílí milost svědectví o svém uzdravení s nesčetnými lidmi.

Kéž porozumíte tomu, že sféra Božího působení je neomezená a že všechno je možné, takže když v modlitbě hledáte, nestanete se pouze požehnanými Božími dětmi, ale rovněž jeho milovanými svatými, jimž se za všech časů ve všem dobře daří. Takto se modlím ve jménu našeho Pána Ježíše Krista!

Kapitola 7

Víra a poslušnost malomocného Naamána

Naamán tedy přijel se svými koni
a s vozem a zastavil u vchodu do Elíšova domu.
Elíša mu po poslovi vzkázal:
„Jdi, omyj se sedmkrát v Jordánu a tvé tělo bude opět zdravé.
Budeš čist." On tedy sestoupil a ponořil
se sedmkrát do Jordánu podle slova muže Božího.
A jeho tělo bylo opět jako tělo malého chlapce.
Byl čist.

2 Královská 5:9-10; 14

1. Malomocný generál Naamán

Během svého života se setkáváme s velkými i malými problémy. Občas čelíme problémům, které přesahují lidské schopnosti.

V aramejské zemi na sever od Izraele žil velitel vojska jménem Naamán. Ten vedl v nejkritičtějších chvílích své země aramejské vojsko od vítězství k vítězství. Naamán miloval svou zemi a věrně sloužil svému králi. Třebaže měl král Naamána ve veliké úctě, generál se trápil kvůli tajemství, o kterém nikdo jiný nevěděl.

Co bylo příčinou jeho trápení? Naamán nebyl sklíčený, protože by postrádal bohatství nebo slávu. Naamán trpěl a nenacházel v životě štěstí, protože měl malomocenství, nevyléčitelnou nemoc, kterou medicína v jeho době nebyla schopná vyléčit.

V Naamánově době byli lidé trpící malomocenstvím považováni za nečisté. Byli nuceni žít v izolaci mimo hranici města. Naamánovo utrpení bylo tím nesnesitelnější, že mimo bolest existovaly další problémy, které nemoc doprovázely. Příznaky malomocenství zahrnovaly skvrny na těle, obzvláště na tváři člověka, na povrchu paží a nohou, na nártech nohou stejně jako degencraci smyslů. V těžkých případech odpadalo obočí, nehty na rukou i na nohou a celkový vzhled člověka se hrozně změnil.

Jednoho dne pak Naamán, který byl nakažen nevyléčitelnou nemocí a nemohl v životě nalézt radost, uslyšel dobré zprávy. Podle malého děvčátka zajatého v izraelské zemi, které sloužilo jeho ženě, existoval v Samaří prorok, který by jistě Naamána malomocenství zbavil. Protože neexistovalo nic, co by Naamán neudělal, aby byl uzdraven, pověděl svému králi o nemoci, kterou měl a o tom, co slyšel od své služebné. Potom, co král uslyšel, že by jeho věrný generál mohl být uzdraven z malomocenství, pokud by předstoupil před proroka v Samaří, dychtivě mu nabídl svou pomoc a dokonce napsal jménem Naamána izraelskému králi dopis.

Naamán odešel do Izraele a vzal s sebou deset talentů stříbra, šest tisíc šekelů zlata a desatery sváteční šaty. Izraelskému králi přinesl dopis: *„Jakmile ti dojde tento dopis, s nímž jsem ti poslal svého služebníka Naamána, zbav ho malomocenství"* (v. 6). V té době bylo aramejské království silnějším národem než Izrael. Když přečetl izraelský král dopis od aramejského krále, roztrhl své roucho a řekl: *„Jsem snad Bůh, abych rozdával smrt nebo život, že ke mně posílá někoho, abych ho zbavil malomocenství? Jen uvažte a pohleďte, že hledá proti mně záminku!"* (v. 7).

Když izraelský prorok Elíša uslyšel tyto zprávy, vzkázal králi: *„Proč jsi roztrhl své roucho? Jen ať přijde ke mně. Pozná, že je v Izraeli prorok"* (v. 8). Když izraelský král poslal Naamána do Elíšova domu, prorok se s generálem nesetkal, pouze mu po poslovi vzkázal: *„Jdi, omyj se sedmkrát v Jordánu a tvé tělo bude opět zdravé. Budeš čist"* (v. 10).

Jak nepříjemné muselo být pro Naamána, který přijel se svými koňmi a vozem k Elíšovu domu, jen aby shledal, že ho prorok nevítá ani se s ním nesetká? Generál se rozzlobil. Myslel si, že když velitel vojska země silnější než Izrael za návštěvu zaplatí, prorok ho srdečně uvítá a vloží na něho ruce. Místo toho se Naamánovi od proroka dostalo chladného přijetí a bylo mu řečeno, aby se sám omyl v malé a špinavé řece Jordán. Ve svém vzteku Naamán myslel na návrat domů a pomyslel si: „*Hle, říkal jsem si: ‚Zajisté ke mně vyjde, postaví se a bude vzývat jméno Hospodina, svého Boha, bude mávat rukou směrem k posvátnému místu, a tak mě zbaví malomocenství.' Cožpak nejsou damašské řeky Abána a Parpar lepší než všechny vody izraelské? Cožpak jsem se nemohl omýt v nich, abych byl čist?*" (v. 11-12). Jak se připravoval na cestu domů, Naamánovi služebníci ho prosili: „*Otče, ten prorok ti řekl důležitou věc. Proč bys to neudělal? Přece ti řekl: ‚Omyj se, a budeš čist'?*" (v. 13). Nabádali svého Pána, aby poslechl Elíšovy pokyny.

Co se stalo, když se Naamán sedmkrát ponořil do Jordánu, jak mu Elíša nařídil? Jeho tělo bylo čisté jako tělo malého chlapce. Z malomocenství, které Naamána tak velmi sužovalo, byl zcela uzdraven. Když došlo Naamánovou poslušností Božího muže k uzdravení z nemoci, kterou nedokázal vyléčit člověk, generál uznal živého Boha i Elíšu, Božího muže.

Potom, co zakusil moc živého Boha – Boha Uzdravovatele malomocenství – se Naamán vrátil k Elíšovi: „*Vrátil se k muži Božímu s celým svým průvodem. Přišel a postavil se před něho a řekl: ‚Hle, poznal jsem, že není Boha na celé zemi, jenom v Izraeli. A nyní přijmi prosím od svého služebníka projev vděčnosti.'* Elíša odvětil: ‚*Jakože živ je Hospodin, v jehož službách stojím, nevezmu nic.' Třebaže ho nutil, aby si něco vzal, on odmítl. Potom Naamán řekl: ,Tedy nic? Kéž je tvému služebníku dáno tolik prsti, kolik unese pár mezků, neboť tvůj služebník už nebude připravovat zápalné oběti ani obětní hody jiným bohům než Hospodinu'"* a vzdal Bohu chválu (2 Královská 5:15-17).

2. Naamánova víra a skutky

Prozkoumejme nyní víru a skutky Naamána, který se setkal s Bohem Uzdravovatelem a byl uzdraven z nevyléčitelné nemoci.

1) Naamánovo dobré svědomí.

Někteří lidé ochotně přijímají a věří slovům ostatních, zatímco jiní mají na druhou stranu tendence bezvýhradně pochybovat a nedůvěřovat ostatním lidem. Protože měl Naamán dobré svědomí, nepohrdal slovy jiných lidí, ale laskavě je přijímal. Mohl jít do Izraele, poslechnout Elíšovy pokyny a získat uzdravení, protože neopomínal, ale věnoval pečlivou pozornost a věřil slovům malého děvčátka, které sloužilo jeho ženě. Když toto malé děvčátko, které bylo zajato v Izraeli, řeklo jeho ženě: *„Kdyby se můj pán dostal k proroku, který je v Samaří, ten by ho jistě malomocenství zbavil,"* (v. 5) Naamán jí věřil. Dejme tomu, že byste byli na Naamánově místě. Co byste udělali? Věřili byste bezvýhradně jejím slovům?

Navzdory současnému pokroku moderní medicíny existuje

mnoho nemocí, proti kterým je medicína bezmocná. Kdybyste řekli ostatním lidem, že vás Bůh uzdravil z nevyléčitelné nemoci nebo že jste se uzdravili po modlitbě, kolik myslíte, že vám uvěří lidí? Naamán věřil slovům malého děvčátka, šel si ke svému králi pro svolení, odešel do Izraele a byl uzdraven z malomocenství. Jinými slovy, protože měl Naamán dobré svědomí, dokázal přijmout slova malého děvčátka, které ho evangelizovalo, a podle toho také jednal. Musíme si rovněž uvědomit, že když nám je kázáno evangelium, můžeme dostávat odpovědi na své problémy pouze tehdy, když věříme v toto kázání a předstupujeme před Boha způsobem, jakým to udělal Naamán.

2) Naamán zapudil své myšlenky.

Když Naamán s pomocí svého krále odešel do Izraele a dorazil k domu Elíši, proroka, který ho mohl uzdravit z malomocenství, dostalo se mu chladného přijetí. Očividně se nahněval, když Elíša, který v očích nevěřícího Naamána neměl žádné společenské postavení ani slávu, nepřivítal věrného služebníka aramejského krále a pověděl Naamánovi – prostřednictvím posla – aby se sedmkrát omyl v Jordánu. Naamán se rozlítil, protože ho osobně poslal aramejský král. Kromě toho Elíša nejenom nevložil své ruce na postižená místa, ale namísto toho pověděl Naamánovi, že by mohl být očištěn, když se sám omyje v řece, která byla malá a špinavé jako Jordán.

Naamán se na Elíšu a prorokovo jednání rozhněval, protože tomu nedokázal svými vlastními myšlenkami porozumět. Připravoval se na cestu domů a přemýšlel o tom, že v jeho zemi je mnoho jiných velkých a čistých řek a že by mohl být očištěn, kdyby se omyl v některé z nich. V té chvíli Naamánovi služebníci nabádali svého pána, aby poslechl Elíšovy pokyny a ponořil se do řeky Jordán.

Protože měl Naamán dobré svědomí, nejednal podle svých vlastních myšlenek, ale namísto toho se rozhodl poslechnout Elíšovy pokyny a namířil k Jordánu. Kolik lidí z těch, co mají srovnatelné společenské postavení, jaké měl Naamán, by činilo pokání a poslechlo naléhaní svých služebníků nebo jiných lidí v nižší pozici než jsou oni sami?

Jak čteme v Izajáši 55:8-9: *„Mé úmysly nejsou úmysly vaše a vaše cesty nejsou cesty moje, je výrok Hospodinův. Jako jsou nebesa vyšší než země, tak převyšují cesty mé cesty vaše a úmysly mé úmysly vaše,"* když se pevně držíme lidských myšlenek a teorií, nemůžeme poslouchat Boží slovo.

Připomeňme si konec krále Saula, který neposlouchal Boha. Když zapojíme lidské myšlenky a neposloucháme Boží vůli, je to skutek neposlušnosti a když selžeme v uznání naší neposlušnosti, musíme pamatovat na to, že nás Bůh opustí a zavrhne způsobem, jakým zavrhnul krále Saula.

V 1 Samuelově 15:22-23 čteme: *„Tu řekl Samuel: ‚Líbí se Hospodinu zápalné oběti a obětní hody víc než poslouchat Hospodina? Hle, poslouchat je lepší než obětní hod, pozorně rozvažovat je víc než tuk beranů. Vzdor je jako hříšné věštění a svéhlavost jako kouzla a ctění domácích bůžků. Protože jsi zavrhl Hospodinovo slovo, i on zavrhl tebe jako krále.'"*

Naamán přemýšlel dvakrát a rozhodnul se zapudit své vlastní

myšlenky a následovat pokyny Elíšy, Božího muže. Ze stejného důvodu musíme pamatovat, že pouze když odhodíme své neposlušné srdce a proměníme je v srdce poslušné Boží vůle, můžeme dosáhnout tužeb svého srdce.

3) Naamán poslechl slovo proroka.

Podle Elíšových pokynů sešel Naamán dolů k Jordánu a omyl se v něm. Existovalo mnoho jiných řek, které byly širší a čistší než Jordán, ale Elíšův pokyn jít k Jordánu si s sebou nesl duchovní význam. Jordán symbolizuje spasení, zatímco voda symbolizuje Boží slovo, které očišťuje lidi od hříchu a umožňuje jim dosáhnout spasení (Jan 4:14). Proto Elíša chtěl, aby se Naamán omyl v Jordánu, což ho dovede ke spasení. Bez ohledu na to, o co větší a čistší mohou jiné řeky být, nevedou lidi ke spasení a nemají co do činění s Bohem, tudíž se v těchto vodách nemůže projevit Boží působení.

Jak nám Ježíš říká v Janovi 3:5: *„Amen, amen, pravím tobě, nenarodí-li se kdo z vody a z Ducha, nemůže vejít do království Božího,"* byla omytím v řece Jordánu otevřena cesta ke spasení Naamána, aby obdržel odpuštění svých hříchů a spasení a setkal se s živým Bohem.

Proč tedy bylo Naamánovi řečeno, aby se omyl sedmkrát? Číslo „7" je číslo úplnosti, které symbolizuje dokonalost. Instruováním Naamána, aby se omyl sedmkrát, Elíša říkal generálovi, že získá odpuštění svých hříchů a bude zcela přebývat v Božím slově. Až poté Bůh, pro kterého není nic nemožné, projeví skutek uzdravení a uzdraví jej z nevyléčitelné nemoci.

Proto se dozvídáme, že Naamán byl uzdraven ze svého malomocenství, proti kterému byl jakýkoliv lék a lidská moc marná, protože poslechl slovo proroka. Ohledně toho nám Písmo jasně říká: „*Slovo Boží je živé, mocné a ostřejší než jakýkoli dvousečný meč; proniká až na rozhraní duše a ducha, kostí a morku, a rozsuzuje touhy i myšlenky srdce. Není tvora, který by se před ním mohl skrýt. Nahé a odhalené je všechno před očima toho, jemuž se budeme ze všeho odpovídat*" (Židům 4:12-13).

Naamán předstoupil před Boha, pro kterého není nic nemožné, zapudil své myšlenky, činil pokání a poslechl Boží vůli. Jak se Naamán sedmkrát ponořil do Jordánu, Bůh uviděl jeho víru, uzdravil ho z malomocenství a Naamánovo tělo bylo obnoveno a bylo čisté jako tělo malého chlapce.

Tím, že nám ukázal jasný důkaz, který svědčí o tom, že uzdravení z malomocenství bylo možné pouze Boží mocí, nám Bůh říká, že jakákoliv nevyléčitelná nemoc může být uzdravena, když se Bohu zalíbíme svou vírou, která je doprovázená skutky.

3. Naamán chválí Boha

Potom, co byl Naamán uzdraven z malomocenství, vrátil se zpět k Elíšovi a vyznal: „*Hle, poznal jsem, že není Boha na celé zemi, jenom v Izraeli. Tvůj služebník už nebude připravovat zápalné oběti ani obětní hody jiným bohům než Hospodinu*" (2 Královská 5:15) a vzdal Bohu slávu.

V Lukášovi 17:11-19 se nachází scéna, ve které se deset lidí setkává s Ježíšem, a všichni jsou uzdraveni z malomocenství. Avšak jen jeden z nich se vrátil k Ježíšovi a velikým hlasem velebil Boha, padl tváří k Ježíšovým nohám a děkoval mu. Ve verších 17-18 se Ježíš ptal: „*Nebylo jich očištěno deset? Kde je těch devět? Nikdo z nich se nenašel, kdo by se vrátil a vzdal Bohu chválu, než tento cizinec?*" V následujícím 19. verši řekl muži: „*Vstaň a jdi, tvá víra tě zachránila.*" Jestliže získáme uzdravení Boží mocí, musíme nejenom vzdát Bohu slávu, přijmout Ježíše Krista a získat spasení, ale také žít podle Božího slova.

Naamán měl takovou víru a skutky, díky kterým mohl být uzdraven z malomocenství, ve své době nevyléčitelné nemoci. Měl dobré svědomí, aby uvěřil slovům malého děvčátka, které bylo vzato do zajetí. Měl víru, díky které připravil vzácný dar k návštěvě proroka. Prokázal skutek poslušnosti, třebaže pokyny proroka Elíši nebyly v souladu s jeho vlastními myšlenkami.

Pohan Naamán jedenkrát trpěl nevyléčitelnou nemocí, ale skrze svou nemoc se setkal s živým Bohem a zakusil skutek uzdravení. Každý, kdo přistupuje před všemohoucího Boha a projevuje svou víru a skutky, dostane odpovědi na všechny své problémy bez ohledu na to, jak složité mohou být.

Kéž získáte vzácnou víru, projevíte ji skutky, dostanete odpovědi na všechny problémy ve svém životě a stanete se požehnanými svatými, kteří vzdávají Bohu chválu. Takto se modlím ve jménu našeho Pána Ježíše Krista.

O autorovi:
Dr. Jaerock Lee

Dr. Jaerock Lee se narodil v roce 1943 v Muanu, v provincii Jeonnam, v Korejské republice. Ve svých dvaceti letech trpěl Dr. Lee po dobu sedmi let rozmanitými nevyléčitelnými chorobami a očekával smrt bez jakékoliv naděje na uzdravení. Jednoho jarního dne v roce 1974 ho jeho sestra odvedla na církevní shromáždění, a když poklekl, aby se pomodlil, živý Bůh ho okamžitě uzdravil ze všech jeho nemocí.

Od chvíle, kdy se skrze tuto úžasnou zkušenost Dr. Lee setkal s živým Bohem, začal Boha upřímně milovat celým svým srdcem a v roce 1978 byl povolán k tomu, aby se stal Božím služebníkem. Vroucně se modlil a nesčetněkrát držel spolu s modlitbami půst, aby mohl jasně porozumět Boží vůli, cele ji vykonávat a být poslušný Božímu slovu. V roce 1982 založil v Soulu, v Jižní Koreji, církev Manmin Central Church, kde se koná nesčetné Boží dílo včetně nadpřirozených uzdravení, znamení a zázraků.

V roce 1986 byl Dr. Lee při výročním shromáždění církve Jesus' Sungkyul Church of Korea ustanoven pastorem a o čtyři roky později, v roce 1990, začala být jeho kázání vysílána prostřednictvím rozhlasových stanic the Far East Broadcasting Company, the Asia Broadcast Station a the Washington Christian Radio System v Austrálii, Rusku, na Filipínách a v mnoha dalších zemích.

O tři roky později, v roce 1993, byla církev Manmin Central Church vybrána časopisem *Christian World* (USA) mezi „50 nejpřednějších církví na světě" a Dr. Lee obdržel od fakulty Christian Faith College na Floridě čestný doktorát z teologie. V roce 1996 získal za svou službu od semináře Kingsway Theological Seminary v Iowě titul Ph. D.

Od roku 1993 převzal Dr. Lee vedení světové misie prostřednictvím mnoha zahraničních cest do amerických měst Los Angeles, Baltimoru a New Yorku, dále na Havaj, do Tanzánie, Argentiny, Ugandy, Japonska, Pákistánu, Keni, na Filipíny, do Hondurasu, Indie, Ruska, Německa, Peru, Demokratické republiky Kongo a do Izraele.

V roce 2002 byl většinou křesťanských novin v Koreji kvůli své mocné službě na rozmanitých zahraničních kampaních nazván „celosvětovým evangelistou." ‚Kampaň v New Yorku 2006', která se konala v Madison Square Garden, nejznámější hale na světě, se vysílala 220 národům a na ‚Sjednocené kampani v Izraeli 2009' pořádané v ICC (International Convention Center) v Jeruzalémě prohlašoval, že Ježíš Kristus je Mesiáš a Spasitel. Jeho kázání se vysílají přes satelit včetně GCN TV 176 národům a v žebříčku se podle populárního ruského křesťanského časopisu *In Victory* a nové zpravodajské agentury *Christian Telegraph* za svou mocnou službu v oblasti TV vysílání a za svou zahraniční církevní pastorační službu umístil jako jeden z 10 nejvlivnějších křesťanských vůdců roku 2009 a 2010.

K Červnu 2017 je církev Manmin Central Church kongregací s více než 120 000 členy. Má rovněž 11 000 poboček po celé zeměkouli včetně 56 domácích poboček a doposud vyslala více než 102 misionářů do 23 zemí včetně Spojených států, Ruska, Německa, Kanady, Japonska, Číny, Francie, Indie, Keni a mnoha dalších.

Ke dni vydání této knihy napsal Dr. Lee 108 knih včetně bestselerů *Ochutnání Věčného Života před Smrtí, Můj Život, Má Víra I & II, Poselství Kříže, Měřítko Víry, Nebe I & II, Peklo* a *Boží Moc*. Jeho díla byla přeložena do více než 76 jazyků.

Jeho křesťanské sloupky se objevují v *The Hankook Ilbo, The JoongAng Daily, The Dong-A Ilbo, The Seoul Shinmun, The Hankyorch Sinmun, The Korea Economic Daily, The Shisa News*, a v *The Christian Press*.

Dr. Lee je v současné době vedoucím mnoha misionářských organizací a asociací včetně: předseda The United Holiness Church of Jesus Christ; stálý prezident The World Christianity Revival Mission Association; zakladatel & předseda výboru Global Christian Network (GCN); zakladatel & předseda výboru World Christian Doctors Network (WCDN); a zakladatel & předseda výboru Manmin International Seminary (MIS).

Další mocné knihy od stejného autora

Nebe I & II

Podrobný náčrt úžasného životního prostředí, z kterého se budou těšit nebeští občané a krásný popis různých úrovní nebeských království.

Poselství Kříže

Mocné poselství vyzývající k probuzení všechny lidi, kteří duchovně spí! V této knize najdete skutečnou Boží lásku a důvod, proč je Ježíš jediným Spasitelem.

Peklo

Vážné poselství celému lidstvu od Boha, který si přeje, aby ani jedna duše nepropadla do hloubek pekla! Objevíte nikdy předtím nezjevený popis kruté reality dolního podsvětí a pekla.

Duch, Duše a Tělo I & II

Průvodce, který nám umožní duchovní porozumění duchu, duši a tělu a pomůže nám objevit, jaký druh ‚já' jsme si vytvořili, abychom pak mohli získat moc porazit temnotu a stát se člověkem ducha.

Měřítko Víry

Jaký nebeský příbytek, koruna a odměna jsou pro vás připraveny v nebi? Tato kniha vám poskytne moudrost a vedení, abyste dokázali změřit svou víru, co nejlépe ji tříbit a dozrát v ní.

Probuď se, Izraeli!

Proč Bůh od počátku tohoto světa až do dnešního dne upírá své oči právě na Izrael? Jakou prozíravost v posledních dnech připravil pro Izrael, který stále očekává Mesiáše?

Můj Život, Má Víra I & II

Nejvoňavější duchovní vůně vytažená z života, který vykvetl z nepřekonatelné Boží lásky uprostřed temných vln, chladného jha a nejhlubšího zoufalství.

Boží Moc

Četba, která slouží jako nepostradatelný průvodce, díky němuž můžete získat opravdovou víru a zažít úžasnou Boží moc.

www.urimbooks.com

www.ingramcontent.com/pod-product-compliance
Lightning Source LLC
LaVergne TN
LVHW041711060526
838201LV00043B/673